教育の最新事情／現代教育の動向と課題

－「共生の教育」を実現するために－

星槎大学教員免許状更新講習センター 編著

教育出版

は じ め に

　先生を応援する——これは私たち執筆者の共通の思いです。何より先生たち
を応援したいという気持ちでこのテキストは作られています。

　現在、教員を取り巻く状況は厳しいものがあります。教育現場ではさまざま
な問題が生起しています。いじめ・不登校・暴力・中退などの問題が生じ、貧
困や格差の問題も絡み合い、複雑化しています。しかも、社会的問題も教育問
題にすり替わって、教育現場での対応が求められています。仕事量は膨大にな
り、教員も疲弊しています。しかし、先生たちが元気でなければ日本の教育は
どうなっていくのでしょうか。だからこそ、先生を応援することが必要なので
す。

　本来、「教えるとは未来を共に語ること、学ぶとは、真実を胸に刻むこと」
（フランスの詩人ルイ・アラゴン）でなくてはならないはずです。その未来は現
場の実りある営みの中で見えてくるはずです。真実を追究し、意義あることを
明らかにする営為こそ教育に求められるべきです。効率と眼前の成果物のみが
求められることに偏っていてはいけないのです。

　しかし、OECD の指摘のように、日本の教員の働き方は国際的に見ても過
重になっています。働き方改革が進展し、ゆとりある教育の営みが行われなく
てはなりません。それは喫緊の課題です。

　一方、「学び続ける教員像」を追い求めることは必要です。免許状更新講習
という狭い枠の中ではありますが、学校での日常を客観視し、日々の教育実践
を省察することは大切です。ぜひ、自らの実践の意味を広い視野で見つめ直し
てほしいと思います。

　2016 年（平成 28 年）の中教審答申「幼稚園、小学校、中学校、高等学校及
び特別支援学校の学習指導要領等の改善及び必要な方策等について」を受け

て、学習指導要領が改訂されました。それを読めば、日本の教育の在り方は大きく変化することが分かります。明治時代に公布された「学制」、戦後の教育改革、そして今まさに、それらに匹敵する変革が求められています。気候変動・貧困・分断が世界を覆い、AIの登場が未来を予想不可能にしています。しかし、だからこそ教育の現場では未来を語らなければならないのです。

　本書は、免許状更新講習のために作られたテキストですが、それにとどまらずに教育や社会の在り方を論じています。それぞれの書き手が専門分野を生かしながら、先生たちの水先案内人になるべく書かれたものです。単なる解説書ではなく、より的確に水路を見つけて、先生たちに提示したいと考えました。

　世界を見れば、人や国は分断され争いが絶えません。こんな21世紀を誰が予想したでしょうか。世界は、地球は、どうなっていくのでしょうか。今必要なことは「共生」です。人と人、人と自然、国と国が「共生」の関係にあることこそが、未来を展望できるのです。言うまでもなく、そこでの教育が果たす役割は非常に大きいものがあります。

　このテキストが「未来を共に語ること」ができる教育の在り方に寄与できて、先生たちを応援することができれば望外の喜びです。

星槎大学教員免許状更新講習センター

目　次

第2章　選択必修領域

第 1 章

必修領域

第 **1** 節

国の教育施策や世界の教育の動向

---

1. 教育施策及び教育課程の変遷

⑴ 教育基本法改定後の教育政策の新たな展開

　日本の教育政策、とりわけ教育課程政策の展開は、2006（平成18）年の教育基本法改定を機に新しい段階に入ったといっていいだろう。憲法とともに教育の根本法規となっている教育基本法が変わったことで（憲法と改定教育基本法との間には教育理念その他の面でズレもあるが）教育政策全般、特に教育課程政策面で、従来までとは異なる特徴が顕在化し始めている。以下、主に教育基本法改定以降に注目しながら、考察を進めてみたい。

⑵ 背後に見え隠れする教育再生会議、表に立つ中教審

　2006年10月、閣議決定により、21世紀日本にふさわしい教育体制の構築を図ることをうたって教育再生会議が設置された。この会議は、「自主憲法制定」に始まる「日本再生」を企図した「日本会議」（1997年設立）と系譜を同じくしている。
　教育基本法改定のその後の2013（平成25）年、教育再生実行会議が安倍晋三

首相（当時）の私的諮問機関として首相官邸に置かれた。私的諮問機関ではあるが、「不適格教員の排除」ほかの具体的施策を提起し、学習指導要領改訂をはじめとする教育現場にかかわる施策にも大きな影響を及ぼしている。

　文部省＝文部科学省の下には生涯学習審議会、中央教育審議会、理科教育及び産業教育審議会（理産審）、教育課程審議会（教課審）、教育職員養成審議会、大学審議会、保健体育審議会などの審議会が置かれていたが、中央省庁再編の一環として2001（平成13）年1月、これらの審議会は、中央教育審議会（中教審）に一本化され、下図のように教育制度分科会、生涯学習分科会、初等中等教育分科会、大学分科会、スポーツ・青少年分科会など中教審の各分科会として位置付けられるようになった。

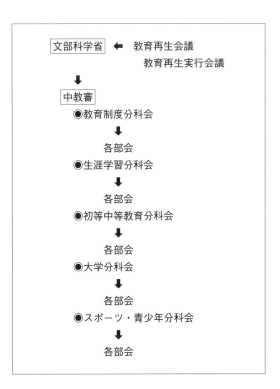

各分科会内部に部会が置かれる。初等中等教育分科会を例にとれば、この分科会内に教育課程部会などが設けられている。さらに、必要に応じて特別支援教育特別委員会など特別委員会も置かれる。

以上、骨格だけを示したが、テーマ別に作業部会や検討チームなどが設置されることもある。

全体的に見て、上意下達の仕組みは堅固に出来上がっているが、"下意上達"のシステムが弱いといえるかもしれない。テーマによっては公聴会ないしパブリックコメント（意見公募）なども一応行われているが、生活と教育の現場からの問題提起や実態を踏まえた発信が活発に行われ、それを政策立案に活かすというシステムではなく、下からのルートが弱いといえる。

⑶　学習指導要領最新改訂に見る教育課程の特徴

①　2020年代教育を担う全面改訂

2017（平成29）年３月、小学校学習指導要領と中学校学習指導要領が改訂・告示された。移行措置の期間を経た上での全面実施は小学校が2020年度から、中学校が2021年度からである。高等学校学習指導要領は、１年後の2018（平成30）年３月に改訂・告示され、2022年４月から全面実施される。また、特別支援学校学習指導要領も改訂・告示され、2019年４月より実施されている。

幼児教育関係では、幼稚園教育要領が小学校学習指導要領改訂と同時期の2017年３月に文科省より改訂・告示（実施は小学校より早い2018年４月）、保育所保育指針が同じく2017年３月に厚生労働省より改訂・告示（2018年４月実施）されている。さらに、2017年告示の「幼保連携型認定こども園教育・保育要領」（内閣府・文部科学省・厚生労働省）にも注目してほしい。

これら一連の改訂は、厚労省が主管する保育所保育指針は別として、2016（平成28）年12月の中教審答申「幼稚園、小学校、中学校、高等学校及び特別支援学校の学習指導要領等の改善及び必要な方策等について」に基づき、実施されている。

改訂を受けて、各教科等の解説書の改編、教科書の検定も行われ、2020年

代の教育課程とそれに基づく子どもと教育の新しい様相が見えてきている。

② 教科・科目、時間数などのどこが変わったか、どこが変わらなかったか

　教育課程編成の基準的文書とされている学習指導要領のどこが変わったか、変わってもおかしくない点の変化の有無などを、新旧学習指導要領の対比などを通してつかむことが重要であろう。いくつかの点に絞って見てみたい。

教科・科目の変化から見てみよう。

●2015（平成27）年3月の学習指導要領の一部改訂によって教科化され論議され続けてきた「特別の教科　道徳」には変化はなく、教科書も整って、2018年（小学校）、2019年（中学校）から、より本格的な展開を見せている。教科化によって生じた評価の在り方の論議、そもそも道徳とは何か、それを教えるとは、など本質に関わる論議も引き続くと思われる。高校では「道徳」時間の設置はないが、1978（昭和53）年から続いた必修科目「現代社会」（4単位）に代えて「公共」が設置され、安全保障、領土問題、主権者教育などが盛り込まれる。小・中学校社会科では、竹島（島根県）と尖閣諸島（沖縄県）を我が国の「固有の領土」と明記した。安全保障にせよ、領土問題にせよ、政治的にも見解が分かれるテーマであるが、政府の「統一見解」を子ども・生徒に提示している。保育所保育指針と幼稚園教育要領には、「強制するものではない」とした上で、「行事で国旗に親しむ」や「国旗、国歌、わらべうたやわが国の伝統的な遊びに親しむ」が盛り込まれている。今後の行政指導と保育・幼児教育現場の対応に注目することにしよう。

●高校社会科に、近現代の日本史と世界史を学ぶ「歴史総合」が新設される。

●スーパーサイエンスハイスクール（SSH）の取り組みの中で、2002年に生まれてきた「理数探究」をSSH指定校以外の高校でも実施できるようにした。

●小学5，6年生で行われている「外国語活動」が3，4年生に早まり、5，6年生では「英語」が教科となる。そこでは、「聞く、話す」中心だったそれまでの「外国語活動」に加えて「読む、書く」も入ってくる。

●コンピュータのプログラミング体験が小学校に盛り込まれる。

●前回改訂（2009年）で超過密となった授業内容と授業時間数については、特

段の措置は取られていない。小学１年生の国語週７時間は改善して１日２コマ状態は解消して然るべきだと考えるが、そのままである。小学３〜６年では授業が週あたり１コマ増えることになるが、１日６時間の授業に７時間目をぶら下げることは避け、短時間学習などの「弾力的」な編成も可としている。

● 教員の「働き方改革」とも関わってその在り方が論議を呼んでいる部活動に関する記述がどうなるか、注目されていたところであるが、「生徒の自主的・自発的な参加により行われる」活動としての意義を認めた上で、「学校教育の一環として、教育課程との関連が図られるよう留意すること」とされた。一歩進んで、学校の教育課程を構成する重要な一翼と位置付けるまでには至らなかった。

③　新教育課程の特質をどうおさえるか

ア．資質・能力の育成を重視

　新しい教育課程は、どんな知識・技能を習得したかにとどまらず、習得した知識・技能を駆使してどんなことをやり遂げられるか、しかも各人が自分らしいやり方で成し遂げるかを重視している。教課審も学習指導要領も、授業で学んだ知識や技能が、「能力」だけでなく「資質」にまで転化しているかどうかが重要としている。今後は、「資質」にまで踏み込んだ議論の各方面での展開が求められるだろう。

イ．「主体的・対話的で深い学び」の提唱

　これは、アクティブラーニング（active learning）の導入として話題になっている。筆者は、「これからはアクティブラーニングの時代だ」と喧伝するようなことは慎んでいる。理由は二つである。

第一　learningと呼ぼうが、studyと呼称しようが、学習という営みは本来activeなのではないか、と思うからである。あえてactive learningと言おうとするのであれば、これまでの「学習」がactiveでなかったことへの反省・省察が不可欠であろう。「主体的・対話的で深い学び」に意義を認めるからこそ、これまでの「学習」が少なからず教師主導で、子ど

も・生徒主導ではなかったこと、授業が教師と子ども間あるいは子ども・生徒同士間の「対話」を欠く講義・伝達型に傾く向きを高学年ほど否めなかったことなどへの反省は欠かせないであろう。

第二　active learningが話題になり始めた当初、100年以上前のアメリカ新教育運動で言われ模索されていたこととの異同の解明、日本にも影響を与えた「新教育」の理論と実践の継承・発展の必要性を意識したことである。デューイ（John Dewey 1859～1952）のシカゴでの実験学校の試み、キルパトリック（W.H.Kilpatrick 1871～1965）のプロジェクトメソッドなどへの関心も欠如したままでPBL（project based learningないしprogram based learning）に関する議論が展開される状態は、"歴史的遺産との断絶"と言わざるをえない。せめて、デューイの『学校と社会』（"The School and Society" 1900）や『子どもとカリキュラム』（"The Child and the Curriculum" 1902）くらいは読んだ上で議論が展開されると、新たな深まりも期待できるのではないだろうか（市村尚久訳『学校と社会/子どもとカリキュラム』講談社学術文庫、1998年　が手頃に入手できる）。

ウ．各学校におけるカリキュラム・マネジメントの重視

　新教育課程においては、各学校におけるカリキュラム・マネジメントの重要性への言及が顕著である。作成された教育課程に基づいて組織的かつ計画的に各学校での教育活動の質の向上への努力を喚起している。

　具体的には、各学校レベルでどのような努力が求められていると考えたらいいだろうか。一つだけ挙げれば、各教科間の壁を低くする努力という課題がありそうだ。

　とりわけ、小学校とは異なって教科担任制を採っている中学校・高校において、教科間の垣根を越えて専門の異なる教員同士が授業の在り方や生徒の抱えている問題などを論議することの必要を痛感する。教科間の垣根を越える努力があって初めて、複数の学問領域にまたがる問題への教科横断的な取り組みなども可能になるだろう。

⑷　教育課程の歩みのなかで教育課程問題を考える

　教育課程、とりわけ学習指導要領の歩みを追いながら、教育課程をめぐるこ
んにちの課題をいくつか取り上げてみたい。

　①　「試案」＝参考的手引きとして生まれた学習指導要領

◇第二次大戦が終わり、大日本帝国憲法・教育勅語体制に代わる日本国憲法・
　教育基本法体制の成立を受けて最初の学習指導要領（試案）が1947（昭和
　22）年にスタートした。「試案」という性格が強調されたこの学習指導要領
　は、中央集権的な上意下達型ではなく謙虚であった。教育課程は教師と学校
　が子ども・生徒の発達と地域生活の実際を注意深く捉えて編成されるべきだ
　と言い、その参考的手引きとして学習指導要領を位置付けた。

◇1951（昭和26）年版学習指導要領（試案）；1947年版に引き続き「試案」と
　いう性格を維持。科学・芸術・技術の基本を教科の学習を通じて学ぶという
　よりも、生活経験学習を重視。「這い回る経験主義」などという批判、基礎
　学力低下という批判にさらされた。

　②　「告示」（＝国家的基準性と法的拘束性という性格）に転換した学習指導要領

◇1958（昭和33）年改訂；「高度経済成長」を教育として準備。「基礎学力の向
　上」をうたい、学習内容の多量化・高度化に転換。反対運動を抑えて「道
　徳」時間を特設。

◇1968（昭和43）年に小学校、69年に中学校、70年に高校を改訂・告示；70年
　代を情報化時代と想定して、内容のさらなる多量化・スピード化。必修クラ
　ブ活動の時間を新設し、それ以外は部活動（小学校は当初は特別クラブ）と
　して学校の教育課程外とした。

◇1971（昭和46）年6月、全国教育研究所連盟調査結果が発表され、多量化・
　高度化した授業内容についていけない、いわゆる授業からの「落ちこぼれ」
　の多増が明らかになった。73年12月、第一次石油輸出摩擦（通称オイル
　ショック）で「高度経済成長」路線が破綻。長引く不況の時代へ。

◇教課審は審議に5年かけて「ゆとり」路線（その後「ゆとりと充実」）と修

正。マスコミなどはその後の学校週5日制の実施をもって「ゆとり教育」と称するが、それは正確でなく、「ゆとり」を掲げた路線は「オイルショック」を機に始まっていたのであった。通称「ゆとりの時間」（学校裁量の時間）を最大で週4時間捻出するとともに、初めて授業時間数の削減に転じ、公立中学校の外国語（英語）を週3時間に減らしたりして議論を呼んだ学習指導要領が成立する。1977（昭和52）年改訂（小・中学校）と78年改訂（高校）である。

◇「ゆとり」が強調されたが、受験競争緩和への着手はなかった。すると、独自措置によって外国語時間を公立校の2倍前後確保していて受験に有利な私立校に生徒が流れるとともに、学習塾・予備校通いが増えることとなった。臨時教育審議会（臨教審、1984〜87年：会長は中曽根康弘首相）が「私学振興」を掲げ、高校入試のない中高一貫学校に注目と期待が集まった。その後、青少年人口の減少傾向が鮮明になる中で、公立学校にも中高一貫制が増えて今日に至っている。戦後つづいた単線型学校制度にブレーキがかけられ、中学校段階から日本の学校制度は事実上の複線型になったと言えるかもしれない。

◇1989（平成元）年全面改訂；小学1，2年の理科、社会科を廃止して生活科に。経済回復。

◇諸外国との貿易摩擦の激化、日本人の長時間労働への内外からの批判の中で、1992（平成4）年9月、準備不十分なまま月1回（第2土曜日）の学校週5日制へ。その後、月2回への変更を経て、1998（平成10）年改訂の学習指導要領の実施される2002（平成14）年から完全週5日制に移行した。1998年改訂が学校週5日制を準備していることが明らかになるにつれ、これでは必要な学力が確保できないという声が上がり、「学力低下」論が沸騰する。私学を中心に6日制に戻す学校、公立校に「土曜日開講」を実施する自治体などが増加してきている。

◇2008（平成20）年全面改訂；実施は2011年（小）、2012年（中）、2013年（高校）。「学力確保」や「国際競争力強化」をうたい、授業時数を極限まで増加。英語教育改革等に着手。また、前述のように、2015（平成27）年3月、一部改訂

措置により、特設「道徳」時間を教科化して「特別な教科　道徳」に。

◇2017年改訂・告示（小・中学校）、2018年高校改訂・告示――前述。

③　教育基本法改訂のインパクト

　上記2008年改訂の２年前（2006年）、前述のように教育の根本法規である教育基本法が改定された。改定が教育課程に与えたインパクトは小さくなかった。

　特に、第１条「教育の目的」に続けて第２条「教育の目標」が新設された影響が広がり始めている。第２条の核心は、「目標」全５項目中の「五」であろう。そこでは、「伝統と文化を尊重し、それらをはぐくんできた我が国と郷土を愛するとともに、他国を尊重し、国際社会の平和と発展に寄与する態度を養うこと」と述べられている。国会審議で揉めた「愛国心」という言葉はないが、「伝統と文化」の「尊重」などが教育課程に入り始めている。

　すでに見たように、幼稚園教育要領と保育所保育指針には「国旗、国歌、わらべうたやわが国の伝統的な遊び」という形で「伝統」が入っている。詳論の余裕はないが、音楽、体育、国語や社会科などにも新たな変化が現れ始めている。今後の動向に注目しよう。

⑸　小学５・６年教科担任制などに向けての新たな動き

　2019（平成31）年４月17日、文科相から中教審（渡辺光一郎会長）に対して「小学校から高校段階に至る今後の教育の在り方に関する総合的な検討」が諮問された。以下がその骨子である。

＜義務教育＞

○現行では中学・高校で実施されている教科担任制を小学５，６年から開始する

○義務教育段階の年間授業時数の見直しを初めとして義務教育課程全体の見直し

○各人の能力・適性に応じた指導の検討

＜高校教育＞

○生徒数全体の７割を占める普通科の役割を明確にすべく、政府の教育再生会議の議論も踏まえて「理数教育重視型」「地域人材育成型」「グローバル型」

など、特色を明確にした普通科に再編する

○文系も理系も多様な科目を学べるようにする。理数や芸術教育の推進

○地域社会や高等教育機関との連携・協働

<外国人児童生徒の教育>

○就学機会の確保や包括的支援

○日本語能力発達の不十分な児童生徒への支援強化を初めとした支援体制の確保

<教師のあり方の検討や教育環境の整備>

○教科担任制推進に伴う教職員配置や教育職員免許制度の検討

○いじめの重大事態、虐待事案への対応策

○小学校でのプログラミング体験の導入などとも関連して情報技術環境の整備や先進技術の活用

今後、曲折はあるだろうが目は離せない。

⑹　子ども・生徒の24時間と365日を視野に入れた教師を——おわりに

　日本の教育課程は今、かつてないくらいの長時間・過密の「学習」を児童生徒に強いている。能力の早期選別路線は、小学校低学年、いや幼児期から激しい「学力」競争を余儀なくさせている。英語の授業が小学校低学年に下りることになりそうと聞いただけで、幼児や低学年児童が校外での「学習」に駆り立てられる。校外での「学習」で「学力」の補充や発展を図るには相応の経済力も必要である。保護者の経済力による格差、校外での「学習」の機会に恵まれている都市部と地方との間の格差の拡大も懸念される。教師は、教室内、学校内だけでなく、家庭や地域生活も含めた子どもの24時間、さらには365日が見えないと、子ども・生徒をトータルに捉えることはできないのではないだろうか。保護者・家庭の経済力による格差も顕著である。困難は多くて大きいが、教師・学生諸氏の奮闘を期待するところである。　　　　　（水内　宏）

2. 世界の教育の動向
──各国のアクティブラーニングから

　チルチルとミチルは、妖女（魔法使い）に頼まれ「幸せの青い鳥」を探しに出かける。「思い出の国」や「未来の王国」など、さまざまな地を旅した2人だったが「青い鳥」を捕まえることはできなかった。ところが家に戻ると「青い鳥」は彼らの部屋の鳥かごにいた。ただ物語の結末では「青い鳥」はどこかへ逃げてしまう。これはベルギーの劇作家モーリス・メーテルリンクの『青い鳥』のあらすじである。訳者の堀口大學は「あとがき」でこう書いている。「万人のあこがれる幸せは、遠いところにさがしても無駄、むしろそれはてんでの日常生活の中にこそさがすべきだというのがこの芝居の教訓になっているわけです」（新潮文庫）。

(1) アクティブラーニングとは何か

　2016（平成28）年、教員免許状更新講習の必修領域に「世界の教育の動向」が追加された。この改正は選択必修領域の新設を含め「受講者の希望やニーズに合致」（文部科学省 2014）させることが狙いのようだ。しかし、「世界の教育の動向」に「受講者の希望やニーズ」があったという話はあまり聞いたことがない。ということは、このテーマに関しては「ニーズ」というより「シーズ」（情報等の種）の側面が大きいのかもしれない。では、何のための、どのような「シーズ」なのだろうか。それを知るために文科省の施策と世界の教育潮流を概観することにしよう。

　2014年、文部科学大臣は、中央教育審議会に対する「初等中等教育における教育課程の基準等の在り方について（諮問）」のなかで「『どのように学ぶか』という，学びの質や深まりを重視することが必要であり，課題の発見と解決に向けて主体的・協働的に学ぶ学習（いわゆる『アクティブ・ラーニング』）や，そのための指導の方法等を充実させていく必要があります」と表明している。これを受け2020年以降の学習指導要領では「単元や題材など内容や時間

のまとまりを見通しながら、生徒（児童）の主体的・対話的で深い学びの実現に向けた授業改善を行うこと」（小中高共通「総則」）と明記されている。

これに先立つ2012年の中央教育審議会「新たな未来を築くための大学教育の質的転換に向けて〜生涯学び続け、主体的に考える力を育成する大学へ〜（答申）」では、「従来のような知識の伝達・注入を中心とした授業から、教員と学生が意思疎通を図りつつ、一緒になって切磋琢磨し、相互に刺激を与えながら知的に成長する場を創り、学生が主体的に問題を発見し解を見いだしていく能動的学修（アクティブ・ラーニング）への転換が必要である。すなわち個々の学生の認知的、倫理的、社会的能力を引き出し、それを鍛えるディスカッションやディベートといった双方向の講義、演習、実験、実習や実技等を中心とした授業への転換によって、学生の主体的な学修を促す質の高い学士課程教育を進めることが求められる」と述べられている。これ以降、高等教育ではアクティブラーニングが大きなトレンドになっている。

このようにアクティブラーニングは、一般的に「課題解決（型）学習」「能動的学修」「主体的・対話的で深い学び」と訳されている。他方、「アクティブ」という言葉のイメージから、なんらかの外的（可視的）「活動」をともなう学習とも解されている。筆者は、この学習「活動」は、外的（可視的）なものだけではなく、「思考が能動的（主体的、積極的）」であることと解釈している。なので、フィールドワーク（実地調査）やプレゼンテーション（発表）のみならず、たとえ目に見える身体的な「動き」がなくても、つまり、座学であっても伝統的学習法であっても、学習者の「思考が能動的（主体的、積極的）」ならアクティブラーニングであると考えている。

また、「課題解決」の「課題」とは、学習のテーマとしての「問い」のことだが、もう一つは「学習過程で生起した諸問題」（例えば、ディスカッションがうまく運ばない、調査方法が非効率、プレゼンが凡庸等々）をも指す。むしろ後者の方がより重要だろう。しかし、前者の「課題（学習テーマ）」のみを重視するアクティブラーニングでは、後者の「課題（学習過程で生起した諸問題）」の解なりアルゴリズム（解法）があらかじめ教育する側から「提供」さ

れ、学習者は、そのストーリー（指導案）に従って、前者の「課題（学習テーマ）」解決に取り組む。これでは伝統的な「調べ学習」と大きな違いはなく、「汎用的能力」（文部科学省 2012）の獲得、「能動的（主体的、積極的）に活動する学習形態」の展開には結びつきにくいのではないだろうか。そこで、これからのアクティブラーニングでは、「学習テーマ」とともに「学習過程で生起した諸問題」を、いかに学習者が「能動的（主体的、積極的）」に解決するか、また、その方法（スキル）を身に付けるかが主眼となるであろう。

⑵　なぜアクティブラーニングか

　最近になって、アクティブラーニングが日本の教育シーンに登場したことを唐突に感じる人もいるかもしれない。しかし、この動きは、近年の日本の教育改革および世界の教育動向に沿ったものといえるだろう。なぜアクティブラーニングが必要なのかを中心に、前述「初等中等教育における教育課程の基準等の在り方について（諮問）」から「この動き」を読み解いていくことにしよう。

　端的にいうと、同「諮問」では「新しい時代に必要となる資質・能力の育成」のための一つの学習法（学習の工夫）としてアクティブラーニングが必要であると述べている。ここで新たに二つの疑問が生まれる。それは、「新しい時代」とはどんな時代なのか、「必要となる資質・能力」とはいかなるものなのか、ということだ。

　「新しい時代」について同「諮問」では「生産年齢人口の減少，グローバル化の進展や絶え間ない技術革新等により，社会構造や雇用環境は大きく変化し，子供たちが就くことになる職業の在り方についても，現在とは様変わりすることになる」と捉えている。つまり「21世紀」は「変化」の時代であるということだ。もちろん、いつの時代も変化はある。しかし、21世紀は、質やスピードにおいて、これまでよりも、もっと激しく大きな「変化の時代」であろうということだろう。

　このような「変化の時代」を乗り越え、生き抜くために、同「諮問」では「高い志や意欲を持つ自立した人間として，他者と協働しながら価値の創造に

挑み，未来を切り開いていく力を身に付けることが求められます」と指摘している。ここで「自立」と「協働」というキーワードに着目しよう。

　日本は、これまで主に「知識の蓄積」に重点を置いた教育をしてきた。それが21世紀に入り、OECD（経済協力開発機構）のPISA（生徒の学習到達度調査）の影響もあり、知識「活用」型の学力（能力）が注目され、学習指導要領や全国学力テストで用いられるようになった。文部科学省は、この「活用」型の学力について、「知識」「意欲」とともに学力の三つの要素の一つとして「知識・技能を活用し、自ら考え、判断し、表現する力」と説明している。これはOECDが策定した学力指標である「キー・コンピテンシー」（p.22〈資料１〉参照）の「道具を相互作用的に用いる」と対応している。この「道具を相互作用的に用いる」能力こそが、これまでのPISAで主に計測されてきた「学力」だ。ただ「キー・コンピテンシー」は「道具を相互作用的に用いる」能力だけではない。これを含めて三つの資質能力が示されている。それが「自律的に行動する」と「異質な集団で交流する」である。これと前述「諮問」のキーワード「自立」「協働」が合致していることが分かる（「自律」と「自立」の違いはあるがキー・コンピテンシー「自律的に行動する」の下位概念には「自立」の要素が含まれている）。さらに今後のPISAでは「道具を相互作用的に用いる」だけではなく、「異質な集団で交流する」と「自律的に行動する」の資質能力についても試されることになる。

　まとめると、変化の激しい21世紀を生き抜くために必要な新しい「学力」である「道具を相互作用的に用いる（活用）」「異質な集団で交流する（協働）」「自律的に行動する（自立）」を育成するための学習法がアクティブラーニングなのである。では、具体的にアクティブラーニングとはどのような学習法なのかを、筆者が訪問した各国の事例により見ていくことにしよう。

⑶　欧米のアクティブラーニング

［米国の事例］
　ミネソタ州のニュー・カントリー・スクールは、小中高一貫の公立校で、午前１時間の数学と午後１時間の読解（英語）を除いて、カリキュラムのほとん

どがPBL（プロジェクト・ベース・ラーニング）に当てられている。PBLとは、学習者の関心、必要性に基づき、対話と省察を繰り返し、学習計画を立案、遂行することにより、ゴール（問題解決と能力の獲得）に到達する学習法で、アクティブラーニングの典型の一つといっていいだろう。ニュー・カントリー・スクールのPBLは、100時間かけて一つのプロジェクトを完成（レポートとプレゼンテーション）させ、教員、保護者、地域の専門家などによって評価される。このプロジェクトは年間に数回行われる。表面的には、子どもが「好き勝手」なことをしているように見えるかもしれない。しかし、プロジェクトの立案段階及び進行中に、教員や同学との綿密なカンファレンス（企画会議）を行い、州の学習基準（日本の学習指導要領に当たる）を踏まえ、学習の意義、目的、計画、調査対象、調査方法などを明確化し、知識や技術が身に付くように構築されている。つまり、伝統的なプロジェクト・メソッド（デューイとキルパトリック考案の学習者中心のプロジェクト学習）に、学習者の必要性や社会の要請を踏まえた知識やスキルなどの学力保証を加えた学習システムであるということだ。

　ニュー・カントリー・スクールがこのような自由なカリキュラムを展開できるのは、「チャータースクール制度」に由来する。米国では、一定の基準を満たせば、教員や市民、企業が自治体と契約を結び公立学校を運営することができる。ニュー・カントリー・スクールは、この制度により、主権者として教員と保護者が学校を運営している。その目的は、学校の民主化（教員による学校運営と生徒の自律した学習）とマイノリティ及び貧困層の学習機会の拡大（格差の是正）だ。

[デンマークの事例]

　コペンハーゲン郊外にある小中一貫校ブロンビュー・ストランド・スコーレは、生徒の半数以上が外国にルーツを持つ子どもたちだ。トルコや中東などイスラム圏の子どもが多く、ヒジャブ（頭部を隠すスカーフのようなもの）をまとった女の子もいる。中学生になると「対話型学習」による「プロジェクト・ワーク」が始まる。３年生では丸々１週間「プロジェクト・ワーク」に没頭す

る「プロジェクト・ウィーク」が実施される。

　プロジェクト・ウィークでは、生徒は自己の興味関心により、教員が提示した複数のテーマの中から一つを選択し、同じテーマを選んだクラスメイトとチームを組む。数人のメンバーでテーマについて話し合い、インターネットで調べたり、図書館、学校外にも調査に行く。翌週には調査報告と意見を述べるプレゼンテーションが行われる。筆者が取材に訪れたときの共通テーマは、「デモクラシー」だった。各グループは、「女性の権利」や「人種差別」を個別テーマに調査をしていた。高校になれば自らテーマを設定する個人「プロジェクト・ワーク」も始まる。それは「人生の準備」なのだと教員は言う。

　デンマークの「教育法」には「協同して学ぶ力を育てる」「クラスでの話し合いや生徒会を通じて民主主義を学ぶ」と明記されている。ブロンビュー・ストランド・スコーレ以外でも、小学校低学年から対話に基づいた授業が行われ、デンマーク全土で、すべての学年、すべての教科で毎時間対話のパートが設けられている。

(4)　アジアのアクティブラーニング

[中国の事例]

　上海市実験学校は小中高一貫公立校で、上海市の教育改革のモデル校だ。この学校は、「研究性学習」に力を入れている。「研究性学習」とは、例えば「上海の環境問題」「グローバル化時代のコミュニケーション・スキル」について、書籍やネットで調査し、分析、考察した上で自己の意見をまとめるという、いわば中国版PBLといったところだ。この「研究性学習」は、上海を中心に中国全土に広まりつつある。

　上海は2009年、2012年と連続してPISAの3領域（数学、科学、読解）において1位になった。その原動力は「素質教育」と呼ばれる、欧米の学力観・教授法を導入する教育政策だった。素質教育は、知識伝達偏重を改め積極的主体的学習態度を形成する/総合性・選択性のある教育課程とする/学習者の生活及び現代社会と科学技術の発展を連携させる/学習者の興味と経験を重視する/受

動的学習・暗記学習・機械的訓練の現状を改め学習者が主体的に参加し探究を楽しむ体験的学習の提唱/問題を分析解決する能力及び交流・協力の能力の育成を目的としている。

　素質教育の核をなすカリキュラムが「総合実践活動」という教科横断的体験型学習だ。「総合実践活動」は、小学校から高校まで必修とされ、総合的な知識の応用能力、問題解決能力、コミュニケーション能力、コラボレーションマインドを育て、創造性と実践力を身に付けさせるものである。この「総合実践活動」のプログラムの一つが「研究性学習」だ。中国の学習指導要領に当たる「基礎教育課程改革綱要（試行）」では、「研究性学習」とは、子どもの探究心と創造性を高め、社会的責任感を育てるために、主体的に科学的研究方法を学習し、知識の総合的活用能力を発達させ、学校と社会が密接な関係を構築することを促進する学習と記されている。

[シンガポールの事例]

　シンガポールは、2015年のPISAでは、70カ国中、読解力、数学的リテラシー、科学的リテラシーともに１位だった。シンガポールもまた欧米の学力観・教授法を導入する教育改革を断行している。2004年、リー・シェンロン首相は、「少なく教え、多く学ぶ」を教育理念の根幹に据えることに決定した。「少なく教え、多く学ぶ」は、教育内容の一部を削減し、学校教育、教育課程の中に「余裕＝ゆとり」を持たせることにより、子どもたちに「深く学ばせる」ことを目的にしている。

　その中核が「プロジェクト・ワーク」と呼ばれる総合学習だ。これは宗教や民族などの社会的テーマ、宇宙や生物などの科学的テーマなどの横断的テーマについて、個人やグループで調査し、問題解決を図りながら、創造性、コミュニケーション能力、コラボレーション（協働性）、探究心を養う活用的発展的学習を実現しようとするものである。

　シンガポールのノースビスタ・プライマリースクールでは、小学生がタブレット型PCを片手に、流暢な英語でプレゼンテーションをするところを見た。決してエリート校ではなく、一般的な公立小学校だ。日本では「ゆとり教育」

批判により総合学習が後退している、まさに、その同じ時期に、中国やシンガポールでは着々と欧米の学力観・教授法を取り入れていたということになる。

［台湾の事例］

　台湾でも世紀の変わり目に大きな教育改革が実行された。その中心が「国民中小学九年一貫課程」の実施だ。この「課程」は「健全な人格」「民主的な素質」「法治の観念」「人文修養、精神と思考能力」「判断力と創造能力」を育成することを教育目標に掲げている。さらに、その要綱では、「自己理解と潜在能力の発展」「楽しむ、表現と新しい創造」「生涯計画と生涯学習」「表現、相互コミュニケーション」「尊重、思いやり、団結協力」「文化学習と国際理解」「計画、組織と実践」「科学技術と情報の運用」「主体的探索と研究」「独自（独立）思考と問題解決」を「十大基本能力」としている。また、カリキュラムも、それまで細かく分かれていた「教科」から、言語、健康と体育、数学、社会、芸術と人文、自然と生活科学技術、総合活動の「学習領域」に再編された。これには、経験主義の伸張、授業時間の削減、学校裁量の拡大の改革も含まれている。

　台北の教育改革モデル校である台北市立大学附設実験国民小学では、ICTを駆使した対話型の授業を見学した。教員はスマートボード（電子黒板）を用い、子どもたちはパソコンとクリッカー（テストやアンケートの回答を発信する小型装置）を使っている。各班の子どもたちは、リーダーを中心に話し合い、パソコン上で教科書を独自に再編集するという作業を行っていた。知識内容は、健康と体育、自然と生活科学技術を融合した「ウィルス」に関するものだが、スキルとしては、PISAの「読解力（理解し、利用し、熟考する能力）」であり、キー・コンピテンシーの「道具を相互作用的に用いる（活用）」「異質な集団で交流する（協働）」そのものだ。

　台湾もまた、ここ十数年の間に、キー・コンピテンシーやアクティブラーニングなどの欧米の学力観・教授法を積極的に取り込んでいたのである。

［香港の事例］

　香港でも2007年から大きな教育改革が実施されている。その一つの柱が「九

種の共通能力」の策定だ。これは、OECD（経済協力開発機構）のキー・コンピテンシーを踏まえた問題解決能力・判断的思考能力・自己管理能力・コミュニケーション能力・創造能力・協調能力等の資質能力で、「テーマに関する学習および研究」「ITを活用したインタラクティブな学習」等を通して具体的な学習に落とし込んでいる。

　香港では中高一貫校の李求恩記念中学を訪れた。中学４年（日本の高校１年）のグループワークによる中国語（「国語」だが香港の日常語は広東語で本授業は標準語/北京語であるため、外国語あるいは古文を学習するようなイメージ）の授業を視察した。授業内容は事前に予習した中国故事について、教員が生徒に質問し、その回答をグループ対話によって吟味するものだった。「なぜその回答になったのか」「どの部分に書いてあったか」「回答の根拠となった文をどう訳したか」「なぜそう訳せるのか」など、一つの核の質問に対して、いくつもの派生質問があり、深い学びになるように設計されていた。

　ちなみに2015年のPISA（生徒の学習到達度調査）は、数学的リテラシーが２位、読解リテラシーが２位でシンガポールに次ぐ好成績を収めている。科学的リテラシーについては、2006年が２位、2009年が３位、2012年が２位だったが、2015年は９位だった。

[これからのアクティブラーニングに必要なこと]

　中国、シンガポール、台湾、香港は、20世紀から21世紀の転換期に、欧米の学力観・教授法を受容する教育改革を実行した。中国、シンガポール、台湾、香港だけではない。マカオや韓国も同様で、いずれもPISAの上位国だ。また科挙の伝統を受け継ぐ中華文化圏であり、知識重視・競争原理に基づく「ペーパー・メリトクラシー（試験能力主義）」という共通点もある。ただ中国、シンガポールと、韓国、台湾、香港の間には大きな隔たりがある。それはキー・コンピテンシーの目的に関係する（p.22〈資料１〉参照）。中国とシンガポールは非民主主義国家だ。政権批判はできない。台湾、韓国、香港は民主主義の国・地域である（香港は中国の圧力により近年厳しい状況にある）。選挙やデモで意思表明する自由がある。日本でも、安保法制反対運動や選挙権年齢引き下げ

により「主権者教育」のあり方が大きな課題となっている。はたして、日本は「中国・シンガポール」型か「韓国・台湾・香港」型か、どちらであろう。

　キー・コンピテンシーの目的は「人生の成功」と「適正に機能する社会」だった。ここに、日本において、今後、どうアクティブラーニングを展開していくかの鍵がある。つまり、なんのためにアクティブラーニングをするのかということだ。先に「変化の激しい21世紀を生き抜くために必要な新しい『学力』である『道具を相互作用的に用いる（活用）』『異質な集団で交流する（協働）』『自律的に行動する（自立）』を育成するため」と書いた。その先にあるのが「人生の成功」と「適正に機能する社会」、言い換えれば「自己実現」と「社会変革」である。「発展的人権の獲得」と「民主社会の実現・進展」と言ってもいいだろう。この目的、理想を欠いたアクティブラーニングは、うわべだけの「形式」に過ぎず、早晩「形骸化」するだろう。事実、日本でも「失敗」しているアクティブラーニングは、この認識の欠如に原因の根本がある。

　ドイツの哲学者ハーバーマスは、「システム」による「生活世界の植民地化」に対して、「私たちの'生活世界'は'コミュニケーション的行為'によって成立する世界である」と言っている。「システム」とは市場システムや官僚システム等、「コミュニケーション的行為」とは「真理性、規範の正当性、主観の誠実性」に基づく「自由な意思表明と自由な承認の行為」を指す。教育官僚システムにより、硬直化した学校教育をPBLによって回復しようとする米国のニュー・カントリー・スクール、子どものころから「対話」に慣れ親しみ、デモクラシーを学び実践するデンマークの学校はその好例と言えるだろう。

　このような営みが「システム」による「生活世界の植民地化」から引き起こされる戦争、搾取、貧困、格差、排除、独裁、環境破壊などの諸問題を解決する一つの道筋としての教育、学習なのではないだろうか。

＊

　堀口大學は「遠いところにさがしても無駄」と書いた。はたしてそうであろうか。彼の解釈は個人の自由だが、私には、そうは思えない。遠いところにさがしたからこそ、いろんな国を旅したからこそ、自分のところにいた鳥が「幸

せの青い鳥」だと気づいたのではないだろうか。「日常生活の中」にある「シーズ」を育てるのは、旅を含めた弛まぬ歩み、経験、努力、つまり柔軟で幅広い学習であろうと思う。　　　　　　　　　　　　　　　　　　　　　　　（天野一哉）

〈引用・参考文献〉

文部科学省（2014）「免許状更新講習における選択必修領域の導入について（通知）」

文部科学省（2012）「認知的、倫理的、社会的能力、教養、知識、経験」（前掲「新たな未来を築くための大学教育の質的転換に向けて〜生涯学び続け、主体的に考える力を育成する大学へ〜（答申）」）

ドミニク・S. ライチェン、ローラ・H. サルガニク／立田慶裕、今西幸蔵ほか訳（2006）『キー・コンピテンシー』明石書店

Dominique Simone Rychen, Laura Hersh Salganik "Key Competencies for a Successful Life and a Well-Functioning Society"

天野一哉（2003）「チャータースクールの魔力と魅力」『世界』１月号，岩波書店

天野一哉（2013）『中国はなぜ「学力世界一」になれたのか──格差社会の超エリート教育事情』中央公論新社

Ｊ．ハーバーマス／河上倫逸・藤澤賢一郎・丸山高司ほか訳（1985）『コミュニケイション的行為の理論（上・中・下）』未來社

〈資料1〉　※前掲参考文献（ライチェン、サルガニク 2006）を基に筆者作成

OECD「キー・コンピテンシー（Key Competencies）」

3つの資質能力

■「道具を相互作用的に用いる（Using Tools Interactively）」（活用）

　　「道具」とは、言語、記号、知識、テクスト、情報、テクノロジーなどを指し、「相互作用的」とは、単に「道具」を受動的に用いるだけではなく、それを活用し、創造する「積極的な対話」という意味で使われている。

■「異質な集団で交流する（Interacting in Heterogeneous Groups）」（関係）

　　他者と良好な関係をつくる、チームで協力する、争いを処理し解決する、などの要素で構成される。この「交流（Interacting）」は「他者」という言葉からもわかるように、人種や民族、国家という文化的、政治的「異質性」のみではなく、個人と個人の人間関係の構築をも意味している。

■「自律的に行動する（Acting Autonomously）」（自律）

　　大きな展望のなかで行動する、人生計画や個人的プロジェクトを設計し実行する、

2つの目的

■「**人生の成功（a Successful Life）**」「**二一世紀的"発展的"人権**」

　　経済的地位と経済資源（有給雇用、収入と財産）、政治的権力と政治力（政治的決定への参画、利益集団への加入）、知的資源（学校教育への参加、学習基盤の利用可能性）、住居と社会基盤（良質の住居、居住環境の社会的基盤）、健康状態と安全（自覚的・他覚的健康、安全性の確保）、社会的ネットワーク（家族と友人、親戚と知人）、余暇と文化的活動（余暇活動への参加、文化活動への参加）、個人的満足と価値志向（個人的満足感、価値志向における自律性）。

■「**適正に機能する社会（a Well-Functioning Society）**」「**二一世紀的"共生"社会**」

　　経済生産性、民主的プロセス、連帯と社会的結合（社会関係資本）、平和と人権、公正・平等・差別感のなさ、生態学的持続可能性。

子ども観、教育観等についての省察

1. 子ども観、教育観等についての省察

(1) はじめに

　文部科学省の定める教員免許状更新制の「講習内容に関する各種基準」によると、「教職についての省察」には「学校を巡る状況変化」の省察に加え、「専門職たる教員の役割」の省察、つまり「各自の教職生活を振り返る機会を与え、子ども観、教育観等について省察」することが含まれる。子どもや教育情勢の変化を知識として学ぶ以上に、教職生活や、教員として身に付けている子ども観・教育観を振り返る（省察する）ことが、教員免許状更新講習では必修科目として位置付けられている。

(2) 教師の多忙化と仕事内容

　「教職についての省察」が強調される背景には、「多忙化」により、教育とは何かをじっくり考察する機会が減っていることがあるだろう。教師の多忙化は、勤務時間の長さと職務の範囲の広がりに示される。

　2017年公表の「教員勤務実態調査」では、中学校教師の場合、2016年度の

週勤務時間は平均63時間18分で、10年前より5時間12分伸びているという。職務の広がりという点では、多様な生徒への対応、課外活動への対応、また生徒以外にも保護者や地域住民との対応などがある。

　直面する教育課題も増加している。中央教育審議会答申「これからの学校教育を担う教員の資質能力の向上について」（平成27年12月21日）ではアクティブ・ラーニング、小学校外国語教育の早期化・教科化、ＩＣＴの活用、特別支援教育などの教育課題が列挙され、「チーム学校」による組織的・協働的な解決が提唱される。とはいえ新しい教育課題を学び続けるというメッセージは、多忙化の中にいる教師にはやりがいを見いだすというよりは、次から次へと課題が出され、それに対応するために学び続けなければならないというプレッシャーにもなりうるだろう。

⑶　教職についての省察の意味

　現行の教員研修に目を転じると、現職研修（校内研修、法定研修等）や教員各自の自主研修のほかに教員免許状更新講習が存在する。この講習において、通常の現職研修や自主研修では注目されにくいテーマを取り上げることにも意味があるとすれば、中教審答申等には出てこない「教職についての省察」があえて位置付けられるのはなぜだろうか。

　この点に関して今津孝次郎が、教師に求められる資質能力を次の六つに分類しているのが参考になる（表1）。A「問題解決・課題達成」、B「教科指導・生徒指導」、C「学級・学校マネジメント」、D「対人関係能

表1　資質能力の層構造

資質と能力	内　　容	外からの観察・評価	個別的・普遍的状況対応
能力 ↑ ↓ 資質	A勤務校での問題解決と、課題達成の技能 B教科指導・生徒指導の知識・技術 C学級・学校マネジメントの知識・技術 D子ども・保護者・同僚との対人関係力 E授業観・子ども観・教育観の練磨 F教職自己成長に向けた探究心	易 ↑ ↓ 難	個別的 ↑ ↓ 普遍的

（出典：今津孝次郎『教師が育つ条件』岩波書店 2012年 64頁）

力」、E「授業観、子ども観、教育観」、F「探究心」である（今津 2012）。

　現職研修や自主研修では主にAからCが提供されており、現代的な教育課題の多くがA〜Cの枠に入っていると言える。このAからCは主として、表にあるように、外からの観察や評価がしやすい資質能力であることもあり、研修では対処療法的なハウツーとして提供されることの多いものである。DからFの、外からの観察や評価が難しい内容は、通常の現職研修・自主研修ではおろそかになりがちになる。

　学校で生起する様々な教育課題の解決に急ぐあまりにハウツー的な技術論に走るのではなく、子どもとのコミュニケーションはうまく取れているのか、自分の教育観とは何か、教師を続ける原動力は何かを振り返る（省察する）ことは、多忙であるからこそじっくり取り組む必要があるのではないだろうか。また通常の研修であまり取り上げない以上、教員免許状更新講習において、俎上に載せる意味はあると言えるだろう。

⑷　教職についての省察と言語化

　考えてみると、教師などの対人関係専門職の人々は、子ども・生徒や保護者、地域の人々や患者などとの対応において、「知識・技術を学んでいないから対応できない」ということはなく、知らず知らずのうちに身に付けたものを総動員しながら瞬時に対応している。対人関係専門職は〈わざ〉〈経験知〉を身に付けた人々なのである。D・ショーンは、『省察的実践とは何か』（2007）の中で、わざや経験知の振り返り（省察）を、行為の中の省察と行為についての省察の二つに分けている（表2）。

　①　行為の中の省察・行為について
　　の省察

　行為の中の省察とは、「行動の最中におこなっていることそれ自体についても考えること」（59頁）である。私たちは目の前の生徒、保護者など

表2　行為の中の省察・行為についての省察

・行為の中の省察
　瞬時の対応
　「為すことによって学ぶ」

・行為についての省察
　行為のあとで行為について振り返る
　行為の中の省察を振り返る

の考えや行動に瞬時に対応しているが、その際に自分のわざや経験知から瞬時に適切なもの、最善のものを選び出している。

　行為についての省察とは、「行為の中で暗黙のままにしている理解について振り返る」ことであり、「暗黙のままではなく表に出してそれを批判し、再設定し直し、将来の行為の中で具体化する理解についても省察する」（51頁）ことである。授業や生徒指導での自分の対応は適切だったのかなど、行為の後で振り返ることがその例になる。

　ショーンが「省察」という言葉で強調するのは、三つあると言えるだろう。一つは、教師など対人関係専門職は、専門職に関する一連の知識や技術を用いて活動しているだけではなく、身に付けているわざや経験知を用いて活動していることである。二つ目は、それらのわざや経験知の省察は、通常は暗黙のまま意識化されていないことである。三つ目は、それだからこそわざや経験知を、省察を通して意識化し、言語化して、自分にも他者にも伝える必要があるということである。

　②　省察の言語化

　ふだんは意識しない事柄が、行為の中の省察および行為についての省察を通して言語化されるようになる。先ほどの今津の指摘でいえば、外からは観察しにくく評価しにくい、人間関係力やコミュニケーション力（D）、援助対象者に対するものの見方（子ども観）や自分の職務に対する基本的な考え方（授業観、教育観など）（E）、職務を根底で支える探究心（F）などが言語化され、他者に伝えられるようになるのである。

　一例を挙げれば、「机間 巡 視」を大事にしている小学校教師は、無意識のまま多用していた机間巡視という言語をあえて意識化し、その意味を省察することを通して、自らの対人関係力、子ども観・授業観・教育観を明確にすることができる。板書による授業よりも机間巡視を何よりも大事にする理由はなぜなのかについてじっくり省察を続けることで、教師を継続する自分の教育観や探究心に気づくこともできるようになる。

⑸ 講習と職場での省察

　「教職についての省察」は、こうして見ると、次から次へと登場する教育課題について、絶えず学び続けなければならないというよりは、自分の中にある、ふだんは意識しない教育観や探究心を明確にすることであり、それによって教師としての「自信」を取り戻す学びになると言えるだろう。そこで次に、「教職についての省察」を、教員免許状更新講習での省察と、職場での授業研究の省察に分けて検討してみよう。

①　教員免許状更新講習での省察：異校種での学び合い

　教員免許状更新講習は、異校種の先生方が学ぶ場となっている。筆者が関わったある教員免許状更新講習では幼稚園・保育園、小学校、中学校、高等学校、特別支援学校の先生方がグループになり、「自分にとって印象深いできごと」を話し合うラウンドテーブルを実施した。同じ校種の先生同士ではなく、「異校種」「異業種」同士での語り合いにしたのである。異校種の相手に物語り、コメントをもらうことで、同じ校種の教師とは異なる感想や、事実・理由を確認する問いかけを受け、さらに説明を加えるようになる。それは語り手の対人関係力、子ども観・授業観・教育観、探究心の省察と言語化の機会となる。ラウンドテーブルでの物語りを経験したある教員は次のように述べる（三輪建二『おとなの学びとは何か』鳳書房 2018 第9章「教師の学び合い」参照）。

　　話し合いでは、他の教員と語り合う中で、多角的な考えや多様な思いを発見し、共有することができた。それぞれの先生には「教員の歴史」があり、「生徒の成長への願い」があった。……わたしたちの中には何か化学反応のようなものが起こった。思いを言語化することを私たちは避けてきたきらいがある。今日は経験の言語化という貴重な体験を得たと思う。言語化により学びを自分のものにするという体験、今後の学校での教育活動に活かしていきたい。（女性教師）

　教員免許状更新講習での「教職についての省察」は、通常の現職研修では行

われていないだけに重要である。ラウンドテーブル方式での異校種での省察の成果を、学校という職場に戻し、学校が、子ども・生徒だけでなく、教師による省察的な学び合いの場になることを期待したい。

②　授業研究の改善：同僚性と協業による学び合い

　実践の省察は、可能であれば、学校という職場でも展開されるのが望ましい。例えば多くの学校では、より良い授業づくりを目指した「授業研究」「授業研究会」が実施されている。うまく準備されている授業研究を通して、教師に必要とされる対人関係力、授業観・子ども観・教育観、および探究心が錬磨される機会が、職場内で実現することになる。

　しかし、実際には授業研究を担当する授業者は若手教師に限られ、積極的に名乗り上げる教師は少ないという。終了後の授業研究会では厳しい指摘がなされる場合があり、「指導案通りに進行していない」「教科の最新の動向を押さえていない」など詰問調になりがちである。ある中学校教師は授業研究を次のように改善したという（三輪　同上書第9章参照）。

○授業研究の改善

・指導案はA4一枚程度に収める（生徒と同様わくわくしながら授業を追いかける）。

・普段の授業で良い。

・生徒の顔が見えるところで参観する。

・授業者に渡す参観記録では、授業者のねらいを「探り当てる」感想にする（あの場面ではこんなことを悩んでいたのでは？　など）。

・代案は書かない（ああすれば良かったのに、自分だったらこうしたのに、今の教材研究ではこうだ、などとは書かない）。

・全体の印象は語らない（「活発だった」などは当たり前なので）。

　指導案作成を短いものにするのは、意外ではあるが、授業者に、指導案作成の負担を軽減するという理由がある。加えて、生徒と同じように、参観する教師たちも授業を追いかける体験が大事になる。丁寧な指導案があると、指導案に沿ってチェックする授業参観になりがちである。授業研究の本来の目的が、

教師と生徒同士がともに創り上げる授業であるならば、参観者も生徒と同様に、好奇心を持って参観することが意味を持つだろう。指導案がないかＡ４用紙１枚程度の場合、同僚性と協働に基づく授業づくりという視点での参観になり、参観者は授業者の授業展開を読み取り、授業者の臨機応変な対応（行為の中の省察）にも敏感になる。

○授業研究会の改善

　終了後の授業研究会は、今までは、「授業者の反省→質問→意見→同じ教科の教師の考え→指導→主事や校長の助言」で終了するものだったのを、代案ではなく省察を促す問いかけを行うよう変更されている。

　授業研究会は授業者にとって「行為についての省察」の時間になるが、「代案」を出さないのは、授業者が、授業の展開や生徒対応をめぐる省察（行為の中の省察、行為についての省察）をしやすくするためである。代案の提示では防御反応のため、授業者の省察は進まなくなってしまう。

　代案に代わる省察を促す問いには、①「当初の予定までは終わらなかったという理解で良いでしょうか」といった「事実確認」、および、「Ａ君の答えに丁寧に対応したのはどのような理由からでしょうか」のような「理由確認」の問いが考えられる。代案ではない省察を促す問いかけにより、授業者は身構えることなく、対人関係力・コミュニケーション力、子ども観・授業観・教育観を省察するようになる。その結果、「二度とやりたくない授業研究」ではない、「もう一度挑戦してみよう」という授業研究になり、授業者の探究心の開拓へとつながっていくのである。

　同僚性という点では、ベテラン教師から新人教師への、教科内容や指導法の指摘ばかりに終わるのではなく、対人関係力や教育観という共通テーマに向けて協働で話し合う開かれた関係が生まれるようになる。職場が個業の場から、協業の学び合う場へと変化する可能性が開かれるのである。

　教員免許状更新講習が提示する「教職についての省察」を通して、教師一人ひとりが自分に自信をもつようになると同時に、学校という職場が協業での学び合いの場になることが実現されることを願いたい。　　　　　　　（三輪建二）

〈引用・参考文献〉

Ｎ＆Ｋ・アップルヤード（2018）『教師の能力開発』鳳書房

今津孝次郎（2012）『教師が育つ条件』岩波書店

Ｄ・ショーン、柳沢昌一・三輪建二監訳（2007）『省察的実践とは何か』鳳書房

中央教育審議会（2015）「これからの学校教育を担う教員の資質能力の向上について（答申）」
　　（平成27年12月21日）

福井大学教育地域科学部附属中学校編（2012）『専門職として学び合う教師たち』（探究する
　　コミュニティ第6巻）、エクシート

前田康裕（2016）『まんがで知る教師の学び：これからの学校教育を担うために』さくら社

三輪建二（2018）『おとなの学びとは何か』鳳書房

文部科学省「教員免許更新：講習内容に関する各種基準」http://www.mext.go.jp/a_menu/
　　shotou/koushin/08043004/002.htm（閲覧日、2019年12月16日）

Ｉ・ラシュトン他／三輪建二訳（2018）『教師の省察的実践』鳳書房

※本稿は神奈川県高等学校教育会館教育研究所の『ねざす』No.63（2019）掲載の論文「今、教師とは」
　を土台に、加筆修正をしたものである。

2. 求められる教師力
——教育愛、倫理観、遵法精神

(1) はじめに——これまでの教師観

① 明治から第二次大戦終了まで

　いま、学校は大きな転換点に立っている。学校をとりまく社会環境の急速な変化の中で、教師への期待も変わってきている。日本は明治5年8月に出された歴史上最初の教育法令の「学制」によって近代学校をスタートさせた。「学制」では学校制度とともに、教員を養成する師範学校についても規定された。最初の師範学校は「学制」の発布に先立つ明治5年5月に米国をモデルにして設立されている。明治19（1886）年には師範学校令が森有礼文相のもとで制定された。小学校教員は中等教育レベルの師範学校で、中学校（旧制）教員は高等教育レベルの高等師範学校で養成することが基本とされていた。そこでは国家主義の立場から、大日本帝国の臣民を養成することを教員の重要な課題としていた。師範学校令は第1条で「順良信愛威重ノ気質ヲ備ヘシムルコト」と定めている。順良とは校長など上司の命令に素直に従うこと、「信愛」は同僚教師で仲良くすること、「威重」は教師として子どもたちや保護者に対して威厳をもって対することを意味している。さらに、教職に対する献身的奉仕の精神が重視されている。こうした規定が土台となって、聖職的教師観が形成されていた。

② 第二次大戦後

　以上のような教員養成制度は第二次大戦後大きく転換した。初等・中等学校の教員はすべて大学で養成することになった。法律の定めるところに従って教育課程を編成し国の認定を受ければ、すべての大学が初等・中等教員を養成することができるいわゆる「開放制」が導入された。もっとも、小学校教員につ

いては、師範学校を母体としてつくられた新制国立大学の教育学部または独立の教員養成大学で養成することが原則とされたが、現在では、教員需要との関係などもあり、他の大学でも条件を充たせば養成できるようになっている。

　その後、教員としては、大学院修士課程に最低1年在籍し20単位を修得することによって取得できる専修免許状の導入、研修システムの制度化など教職にかかわる専門性の高度化が進められてきている。さらに、博士課程のみを置く連合大学院が兵庫教育大学（構成大学は、兵庫教育大学、上越教育大学、鳴門教育大学、岡山大学）と東京学芸大学（構成大学は、東京学芸大学、横浜国立大学、千葉大学、埼玉大学）に設置されている。

　以上のように、戦後は教員の教職専門性を高める方向で政策が進められてきたが、初等・中等学校の教員が医師や弁護士や大学の教員と同様に専門職（profession）であるかどうかについては論議のあるところである。1966（昭和41）年にユネスコと国際労働機関（ILO）の共同提案で提案された「教員の地位に関する勧告」は、「教員の仕事は専門職とみなされるべきである」と述べているが、仕事の自由度などの面からも種々論議がある。

⑵　これからの教師に求められる力

①　政策の方向

2006（平成18）年7月に出された中教審答申「今後の教員養成・免許制度の在り方について」は、次のように述べている。

　　「本来、学校や教員には、社会の変化を踏まえつつ教育活動を行っていくことが求められているが、現在の変化に迅速かつ適切に対応するためには、これまで以上に、必要かつ高度な専門的知識・技能を修得し、適時に刷新していくなど、教員に求められる資質能力の維持・向上を図るための更なる取組が必要とされている。」

また、2012（平成23）年8月に出された中教審答申「教職生活の全体を通じた教員の資質能力の総合的な向上方策について」は、現在の教師を取り巻く社会情勢や学校現場の現状と課題について次のような点を指摘している。

1）グローバル化や情報化、少子高齢化など社会の急激な変化に伴い、高度化・複雑化する諸課題への対応

2）学校教育において、求められる人材育成像の変化への対応

3）21世紀を生き抜くための力を育成するため、これからの学校は、基礎的・基本的な知識・技能の習得に加え、思考力・判断力・表現力等の育成や学習意欲の向上、多様な人間関係を結んでいく力の育成等の重視

4）このような新たな学びを支える教員の養成と、学び続ける教員像の確立

5）いじめ・校内暴力・不登校等への対応

6）特別支援教育の充実

7）ＩＣＴの活用

　教員の資質能力の向上においては、教員免許状を得るための教職課程の在り方も重要であるということから、文部科学省では教育職員免許法施行規則の改正を平成29年11月に実施し、新たな教育課題を大学等の教職課程において扱うことを定めている。具体的には、小中高の教職課程において総合的な学習の時間の指導法を独立して設けることや、全ての免許種の教職課程において特別支援教育に関する事項を独立して設け、１単位以上必修化することになった。

　以上のような政策の動向などに照らして求められる教師の力としては様々な捉え方が考えられるが、特に、重要視すべきは教育愛、倫理観であろう。

②　**教育愛**──主体的学びを評価する教師力

　教育愛については長い教育の歴史の中で常に重要視されてきた。いろいろな捉え方があるが、一般的には、教育者、特に、教師の被教育者、特に、児童生徒に対する愛を指すが、それは単なる情緒的な愛ではない。被教育者＝子どもを、より望ましい方向に形成することを意図して被教育者に働きかけていく教育的行為によって表現される愛のことである。したがって、子どもを愛するだけでなく、子どもに対する教育を愛することである。子ども愛、児童愛は教育愛の出発点であるが教育愛の全体ではない。

　「子どもをより望ましい方向に」とは何であろうか。まずは、その方向に子どもを導くためにはどうしたらよいかなど、教育の基本的目的や目標を踏まえ

つつ考えることが肝心である。教育の目的は、教育基本法第1条で、「人格の完成を目指し、平和で民主的な国家及び社会の形成者として必要な資質を備えた心身ともに健康な国民の育成を期して行われなければならない」と定められている。第2条では、第1条で定めている教育の目的を実現するための目標が規定されている。第3条では、生涯学習の理念が規定されている。学校教育法では、教育基本法の規定を背景にして、幼稚園から大学までの教育の目的が規定されている。さらに、学習指導要領では各教科などの目標が定められている。そこで教育愛という観点から重視すべき点は、新学習指導要領で重視されている「主体的・対話的で深い学び」を教師が正当に評価するということであろう。

　では、「正当に評価する」とはどのようなことであろうか。

　いまから80年以上前、1937年に出版され、いまだに日本も含め多くの国々で注目され広く読まれているデール・カーネギー（Dale Carnegie, 1888-1955）の著 *How to Win Friends & Influence People*（山口博訳『人を動かす』創元社 1958）において、カーネギーは、第一のPrinciple（原則）として、「Don't criticize, condemn or complain（批判したり、非難したり、貶めたりしてはならぬ）」と述べている。この著はもともと、ラジオ講座で話したことを基に書かれたものであるが、ラジオ講座での話は別途『こうすれば必ず人は動く』（田中孝顕訳 きこ書房 2008）というタイトルで邦訳が出ており、そこには具体的な事例がたくさん紹介されている。これに関するマンガ本も出ている。新規なことではないが、あらためて気づかされることが多くある。学校教育を念頭に置いて話され、書かれたものではないが、教師力を考える上でも多くの貴重な示唆をくみ取ることができるであろう。ここではカーネギーが挙げている具体例は省略するが、せんじ詰めれば、「子どもの良さを認める評価力」ということになる。

　教師による子どもの評価は、テストの結果や授業中などにおける観察に基づいて行われており、その結果は一般的には通知表で子どもの家庭に伝えられ、さらに指導要録に記録され保存されている。通知表を出すかどうか、どのような内容・形式で出すかは、基本的には各学校の裁量に委ねられており、実際にも、通知表を出していない学校もけっこう見られる。それに対して指導要録は、

学校教育法施行規則によって定められた児童生徒に対する指導の評価についての公簿で、現行では、入学・編入学・転学・卒業の状況と指導の記録を記載することになっている。指導の記録は、原則として、絶対評価で行うことになっている。

　これが現状であるが、新学習指導要領では、知識・技能の習得より児童生徒の主体的で対話的な深い学びなどが重視されていることから、指導要録について施策として検討されている。まさに、「子どもの良さを認める評価録」が教師力として重要になってきているわけである。

　学校で受けた教師からの評価は、子どもの長い人生に大きな影響を及ぼす。小学校１年のときの担任教師の評価が子どもの長い人生に大きな影響を及ぼすという注目すべき次のような研究がアメリカにある（A new perspective on the effects of first-grade teachers on children's subsequent adult status, *Harvard Educational Review*, 48(I)1-31）。端的にいうと、第１学年の担任が行った子どもについての評価の違いが、子どもが成人になったときにまで影響を及ぼすという研究である。

　第１学年の教師の評価は第２学年以降の担任の評価にも影響を及ぼすという面があるからである。長期間にわたる評価の記録を詳細に分析した結果、このような結論が出されたのである。これは教師期待効果といわれるものである。筆者たちはかつて青少年時代に学校における授業、授業外の教育活動、家庭で教師、クラスメイト、親などから認められた経験が定年後の人生における生き方との関係について調査をしたことがあるが、やはり深い関係が認められた（新井郁男編著『「生き方」を変える学校時代の体験――ライフコースの社会学』ぎょうせい1993）。

　もちろん、人間形成に及ぼす要因は多様であり多面的である。子どもの将来は家庭の文化資本に規定されるということもある。しかし、教師による一人ひとりの子どもの評価がきわめて重要であることは否定できないであろう。

　③　倫理意識

　教育愛と関連して、教師は適切な倫理意識を持つことが必要である。

「倫」は語義的には「仲間」とか「ともがら」を意味する。ここから人倫という術語も生まれている。また、「理」は、「事物のすじみち、ことわり」のことである。教師にとって重要な「倫」は学校の同僚、児童生徒、保護者、地域の人々、さらには、一般社会人などであり、そうした人々との適切な関係を構築するということが教師にとっての「倫理」ということになる。そのことの重要性を認識することが「倫理意識」ということになる。

　「倫理意識」には様々な側面があるが、現在、社会的に重要視されているのは情報倫理である。社会的には、ネットモラルとかネチケット（ネットのエチケット）とかインターネット倫理といった言葉も使われている。教育施策としても「情報モラル教育」が推進されている。

　現在、スマートフォンやＳＮＳ（ソーシャルネットワーキングサービス）などが児童生徒に急速に普及しており、これらの利用によってトラブルや犯罪に巻き込まれる事例が多発している。こうした状況を踏まえて、児童生徒が犯罪被害などの危険を回避し、情報を正しく安全に利用できるようにするとともに、人権、知的財産権など自他の権利を尊重し、情報社会での行動に責任を持ち、健康にも留意して情報機器を利用できるようにするために「情報モラル教育」が重視されているのであるが、このような教育を行っていくためには教師自身が適切な情報意識を持つことが必要になるであろう。

　また、最近、情報の流出、発信に関して様々な事件が社会的な問題となっているが、学校においても、児童生徒に関する情報を適切に管理することが重要となっている。勤務する小学校から児童の通知表や体操着、作品などを勝手に持ち出して廃棄した教師が停職の懲戒処分を受けるといった問題も起きている。また、教師としては児童生徒の家庭事情を理解することは重要であるが、知りえた情報をどのように管理するかといったことも大きな課題である。

　以上のような意味で、教師の倫理意識が重要であることを教師自身が認識しなくてはならないであろう。

④　教科横断力
　新学習指導要領においては、単に知識を習得するのではなく、思考力・判断

力などを育成することが重視されている。また、教科横断的な教育が重視され
ている。現代の学校においては、知識を教科・科目に分類して編成された教育
課程を基本にして教育が行われているが、これからの教育を考えるにあたって
は、まず、知識＝knowledgeとは何かということを考えることが重要であろう。
　知識は、人間の主体的な認識活動の結果として得られた客観的所産の総称で
ある。人間が実践活動の中から得た感覚、印象、イメージ、直接的知見などの
感性的なものを、学問的な研究など理性的な認識活動によって客観化して伝達
可能にしたものが知識である。いま、教育の課題として考えなくてはならない
ことは、社会の急速な変動の中で知識の客観性が問われているということであ
る。学問研究においても学際的研究ということが重要になっていることはその
象徴である。したがって、学問研究を主な土台として構造化されている教科・
科目についてもそれを固定化して考えずに横断的に対応することが重要になっ
ているのである。教育課程の中に「総合的な学習の時間」が設定されるように
なったのもこうした社会的動向が背景にあるのであるが、いま重要になってい
ることは教科・科目の枠を柔軟に考えるということである。社会の状況、社会
に起こる様々な問題が変化する中で、自分の専門領域を土台としながらも、そ
こに固執しないで専門横断的に指導を行うことがますます重要となっている。
自分の専門領域にアイデンティティを持つことは重要であるが、これからの教
育においては、解決すべき問題に照らしていかに総合するかということが求め
られている。教育課程に特設されている「総合的な学習の時間」においてだけ
でなく、各教科・科目の教育においても横断的に考えていくようにすることが
重要なのである。
　われわれがあらためて認識すべきことは、教科・科目は知識の一つの分類に
すぎないということである。小・中学校の新学習指導要領では、「教科等横断
的な視点に立った資質・能力の育成」として次のように述べている。

⑴各学校においては児童（生徒）の発達を考慮し、言語能力、情報活用能力（情
　報モラルを含む。）、問題発見・解決能力等の学習の基盤となる資質・能力を育

成していくことができるよう、各教科等の特質を生かし、教科等横断的な視点から教育課程の編成を図るものとする。

(2)各学校においては、児童（生徒）や学校、地域の実態及び児童（生徒）の発達の段階を考慮し、豊かな人生の実現や災害等を乗り越えて次代の社会を形成することに向けた現代的な諸課題に対応して求められる資質・能力を、教科等横断的な視点で育成していくことができるよう、各学校の特色を生かした教育課程の編成を図るものとする。

内閣府では、狩猟社会、農耕社会、工業社会、情報社会に続く「Society 5.0」（＝新たな社会）を提起している。これまでの情報社会（＝Society 4.0）では知識や情報が共有されず、分野横断的な連携が不十分であるという問題があったという認識を踏まえることが新しい社会においては重要だとされている。教科等横断という教育の課題もこうした社会的変化を踏まえていると言ってよいであろう。

⑤　マネジメント力

新学習指導要領では、カリキュラム・マネジメントということが重視されている。学習指導要領ではこれについて次のように述べられている。

「各学校においては、児童（生徒）や学校、地域の実態を適切に把握し、教育の目的や目標の実現に必要な教育の内容等を教科等横断的な視点で組み立てていくこと、教育課程の実施状況を評価してその改善を図っていくこと、教育課程の実施に必要な人的又は物的な体制を確保するとともにその改善を図っていくことなどを通して、教育課程に基づき組織的かつ計画的に各学校の教育活動の質の向上を図っていくこと」

教科等横断力も含め、カリキュラム全体をマネージ（manage）していくことが求められている。マネージというと管理職の課題だと思われているかもしれないが、これはすべての教員に求められている課題である。

特にここで重要な点は、教育課程の実施状況を評価してその改善を図るということである。学習指導要領の土台となった中教審の答申においてはその方法としてPDCA（＝Plan-Do-Check-Action）が指摘されているが、学習指導要領

ではこの言葉は使われていない。PDCAというとあらかじめ評価するポイントを決めておき、それについて○、×をつけていくということになるが、これだけに頼ってしまうと、あらかじめ想定されなかったような結果（プラス、マイナス両面で）が評価されないことになってしまう。学習指導要領においては、児童生徒の「よい点や進歩の状況を積極的に評価し、学習したことの意義や価値を実感できるようにすること」などが指摘されているが、PDCAだけではこのような積極的評価はできないであろう。また、いま、学校でも働き方の改革が重要な課題となっており政策としても検討されているところであるが、これも含めて時間のマネジメントも重要である。マネジメントに関しては従来PDS＝Plan-Do-Seeということが課題とされていた。チェックではなく「目で見る」ということが重視されていたのである。単に、データをチェックするのではなく子どもの顔などを自分の目で観察して評価するということである。実は、PDCAを提唱したアメリカの統計学者で戦後来日した統計調査団のメンバーであったデミングなどによって品質管理の手法として提唱されたものでDeming Wheel（デミングの輪）などと呼ばれていたものであるが、デミングも最後にはCをS＝Studyに変更している。総合的に研究することが重要だというわけである。文部科学省が学習指導要領では中教審が提起したPDCAを打ち出していないのはこうした観点からで、学習指導要領においても「研究」という視点が出されている。

新要領では「開かれた教育課程」ということが提起されているが、開かれるべきもっとも重要な点は子どもたちの学習を項目にしたがって評価するのではなく、積極的に評価することで、そうした力が教師に求められているのである。

なお、付言するなら、中教審答申では「PDCAの確立」とされていたが、『文部科学白書』（平成29年度）では、高校の基礎学力の評価につては、「PDCAの取り組みを促進」するとしているものの、「学習指導要領が目指す教育の実現」に関しては、「各学校におけるカリキュラム・マネジメントの確立」とされ、PDCAサイクルは出されていない。

（新井郁男）

第 3 節
子どもの発達に関する脳科学、心理学等の最新の知見

1. 子どもの発達に関する脳科学、心理学等の最新知見に基づく内容

(1) 特別支援教育制度とインクルーシブ教育

　2007年に始まった特別支援教育は、「障害のある幼児児童生徒の自立や社会参加に向けた主体的な取組を支援するという視点に立ち、幼児児童生徒一人一人の教育的ニーズを把握し、その持てる力を高め、生活や学習上の困難を改善又は克服するため、適切な指導及び必要な支援を行うものである」と位置付けられている（文部科学省 2012）。また、「特別支援教育のさらなる推進のためには、すべての教員が特別支援教育についての基礎的な知識及び技能を有する必要がある」（文部科学省 2012）とされ、「特に発達障害に関する一定の知識・技能は、発達障害の可能性のある児童生徒の多くが通常の学級に在籍していることから必須である」（文部科学省 2012）と明記されている。

　発達障害とは、厚生労働省によると、「生まれつき脳の発達が通常と違っているために、幼児のうちから症状が現れ、通常の育児ではうまくいかないことがあります。成長するにつれ、自分自身のもつ不得手な部分に気づき、生きにくさを感じることがあるかもしれません」と定義されている。主な発達障害と

しては、知的発達症、自閉スペクトラム症（ADS）、注意欠如多動症（ADHD）、限局性学習症（LD）が挙げられている。

　また、特別支援教育は、「一人ひとりの教育的ニーズを把握した適切な教育的支援は、障害の有無にかかわらず、すべての幼児児童生徒の指導においても必要である」と指摘されており、障害のあるなしにかかわらず、個々の教育的ニーズを的確に捉え、すべての児童生徒一人ひとりの認知特性に応じた指導の工夫が求められていることが分かる。

　この考え方は、インクルージョンという概念に基づいている。インクルーシブ教育とは、障害のあるなしに分けて捉えるのではなく、ニーズに対応した支援のあり方を追求する教育の新しい形であるといえる。この背景には、従来は、子どもの発達は、発達段階に着目した理論で捉えられていたが、近年の脳科学や認知科学の進歩から、個人差に着目する方向へ転換したことが関係している。

　本項では、子どもの発達に関する脳科学、心理学等の最新知見に基づき、個々の教育的ニーズに応じた指導のあり方について考えていく。

⑵　学習指導要領上の“個に応じた指導”の位置付け

　個々の教育的ニーズに応じた指導の工夫について論じる前に、学習指導要領における個に応じた指導について触れておきたい。

　指導内容と指導方法・体制の工夫について、平成 8 年の中央教育審議会答申（中央教育審議会 1996）において、「子どもたちの発達段階に即し、個に応じた指導の充実を図る」と、“個に応じた指導”という文言が初めて使用された。このことを経て、平成10年改訂の学習指導要領においては、個に応じた指導の方法等として、基礎・基本の確実な定着を図り個性を生かす教育を一層充実させる観点から、小学校においては個別指導やグループ別指導、繰り返し指導を、中学校においては、個別指導やグループ別指導に加えて“学習内容の習熟の程度に応じた指導”を、中学校の選択教科では、生徒の能力・適性，興味・関心等に応じ、一層多様な学習活動ができるよう、“補充的な学習”や“発展的な学習”が例示された。平成20年改訂の学習指導要領では、「児童（生徒）が学

習内容を確実に身に付けることができるよう、学校や児童の実態に応じ、個別指導やグループ別指導、繰り返し指導、学習内容の習熟の程度に応じた指導、児童の興味・関心等に応じた課題学習、補充的な学習や発展的な学習などの学習活動を取り入れた指導、教師間の協力的な指導など指導方法や指導体制を工夫改善し、個に応じた指導の充実を図ること」とその範囲が拡大されていることが分かる。平成29年改訂の小学校学習指導要領（文部科学省 2017）には、「児童の発達を支える指導の充実」として、「児童が、基礎的・基本的な知識及び技能の習得も含め、学習内容を確実に身に付けることができるよう、児童や学校の実態に応じ、個別学習やグループ別学習、繰り返し学習、学習内容の習熟の程度に応じた学習、児童の興味・関心等に応じた課題学習、補充的な学習や発展的な学習などの学習活動を取り入れることや、教師間の協力による指導体制を確保することなど、指導方法や指導体制の工夫改善により、個に応じた指導の充実を図ること」と記述されている。さらに、障害のある児童については、特別な配慮を必要とする児童への指導という項目が立てられている。

　以上から、児童生徒の実態および発達段階に応じた指導の重要性は、ここ数十年にわたり継続的に課題として取り上げられていること、近年、インクルーシブ教育のもと、児童生徒一人ひとりの教育的ニーズを捉えた上で、個に応じた指導の工夫の充実が求められてきた経緯を読み取ることができる。

⑶　指導の工夫についての研究の動向

　それでは、教育研究では、現在、どのような指導の工夫が検討されているのだろうか。ここでは、RTIの理論、PASS理論、ワーキングメモリの観点について、紹介する。

①　RTIという考え方

RTIとは、Response to Intervention/Instructionの略で、効果的な指導/介入を行い、子どもの反応（ニーズ）に応じて、指導/介入の仕方を変えながら子どものニーズを同定していくモデルである。この考え方を日本に紹介した海津ら（2008）によると、RTIモデルでは、基本的に三層構造として概念化さ

れていることが分かる。第1段階では通常の授業の中で質の高い科学的根拠に基づいた指導をすべての子どもたちに対して通常の授業内で指導し、第2段階では第1段階で十分伸びが見られない子どもに対して、通常の授業に加え、補足的な指導を必要に応じて、小集団での指導を教室、もしくは学級外で行う。そして、第3段階ではそれでも伸びない子に対して、学級外で集中的に指導を行うものであると説明している。すなわち、従来の教育との大きな違いは、児童生徒がつまずきを示した後に指導方法などを検討していたのに対し、RTIのモデルでは、児童生徒のつまずきを示す前に、指導の工夫を検討することにある。

　海津ら（2008）は、RTIの考え方に基づき、日本における"多層指導モデル（Multilevel Instruction Model；MIM）を提案している。RTIは、もともとこの概念が生まれたアメリカにおいては、LD判定が主たる目的であったのに対し、我が国ではLD判定にかかわらず、児童生徒の教育的ニーズに対応した指導が求められている背景を踏まえ、MIMでは、対象となる子どもに対し、重点的に配慮は行うが、形式的には、すべての子どもが参加する（できる）ようにするなど、態勢的に第1段階の指導と類似することもあり、柔軟性が高いという特徴をもっていると説明し、通常の学級におけるMIMの活用について、海津ら（2008）を中心に、研究が進められている。

　海津ら（2008）は、MIM を用いて小学1年生特殊音節の指導を行い、その効果を検討している。学習につまずく危険性のある子どもをはじめ、その他の異なる学力層の子どもにおいてもみられるかということについて、統制群との比較により行っている。読み書きに関する諸検査では，参加群が高く，統制群と有意差がみられた。参加群の担任教員が行った授業の変容を複数観察者により評価・分析した結果，MIM 導入後では，指導形態の柔軟化や指導内容，教材の多様化がみられ，クラス内で約90％の子どもが取り組んでいると評定された割合が2倍近くにまで上昇していたことを指摘している。

　さらに、RTIでは、日常的に児童生徒の学習の進捗状況をモニターして、学習につまずくリスクのある児童生徒を早期に特定し、早期に対応することができる。アメリカでは、進捗状況をモニターする尺度として、カリキュラムに基

づく尺度（Curriculum - Based - Measurement；CBM）が開発されている。そのレベルと傾き（成長比）から早期に支援が提供されるようになり、読み、書き、計算、綴りの領域において、信頼性と妥当性が実証されている。このような背景のもと、干川（2016；2018）は、通常の学級において、教育的ニーズのある児童生徒を学習につまずく前に特定して対応するためには、進捗状況を定期的に把握し、それに基づいて早期に介入する必要があるため、定期的に進捗状況を評価するためには，これまでの単元末の評価だけでなく、CBM のような進捗状況のモニタリング尺度の開発が我が国においても必要であると指摘し、CBMの日本版の標準化を進めている。

② PASS理論

RTIと並行して、その第1段階で児童生徒の認知特性を捉える考え方の一つにPASS理論という考え方がある。PASS 理論は，ルリアの脳モデルを基礎に，人間が新しい情報を認知し処理する様子を「プランニング（Planning）」「注意（Attention）」「同時処理（Simultaneous）」「継次処理（Successive）」の四つのプロセスに整理したものである。ここで「プランニング」とは，提示された情報に対して効果的な解決方法を決定したり，選択したり，使用したりする認知処理過程を意味している。「注意」とは，妨害刺激に対する反応を抑え，特定の刺激に選択的に注意を向ける心的過程である。「同時処理」とは，提示された複数の情報をまとまりとして統合する認知活動である。そして「継次処理」とは，提示された複数の情報を系列順序として統合する認知活動である。PASS理論では，背景知識を基盤に，これらの四つのプロセスを経ることで人は新しい情報を認知し理解していると考えられており、PASS 理論を基礎とするアセスメントに、DN-CAS（Das-Naglieri Cognitive Assessment System）やPASS評定尺度が知られている。

PASS理論は、子どもの認知特性を踏まえた指導・支援を行っていく上で重要な視点であり、中でもプランニングと注意は子ども自身が主体的に問題解決に取り組むための重要な観点である。例えば、プランニングに困難を抱えている場合、1）学習の方略を生み出せない、2）考えた方略をモニターし、間違

いに気付き、見直すことができない、3）状況に応じて方略を変えることができない、などのことが予想されると指摘されている（柿﨑ら 2011）。また、注意に困難を抱えている場合は、1）様々な刺激の中から必要な刺激に注意を向けることができない、または向ける時間が短い、2）必要のない刺激に反応する、3）所持している経験や知識を想起するのに時間を要する、などのことが予想されている（柿﨑ら 2011）。

　以上の実践的な研究を中心に、PASS理論に基づく認知特性を把握した支援のあり方についての研究が進められている。例えば、松尾（2016）は、5年生の社会科の授業で教育・学習プロセスの認知特性に与える影響との関係を分析し、PASS評定尺度を利用して、教授−学習過程の実践の事実と児童の認知処理様式や教授行為の特性とがいかに結び付くのかの分析を行い、その結び付きが教師の授業構想にどのように関わるのか検討している。その結果、教師の児童に対する個別的なアプローチが学級全体に作用していること、同様の意図と方法による教授行為であったとしても，児童の認知特性の差によって異なる応答が児童から返されていることで、教科の学力を含む教師の子ども理解と子どもの認知処理様式との間に差があることから，授業構想に課題が生じているということを示唆している。

③　ワーキングメモリと学習

　児童生徒の学習を支える機能として、ワーキングメモリ（working memory）が知られている。ワーキングメモリとは、短い時間、心の中で情報を保持し、同時に処理する能力で、日本語では、作動記憶あるいは作業記憶と呼ばれている。ワーキングメモリは、言語的短期記憶（音韻ループ）、視覚的短期記憶（視空間スケッチパッド）、中央実行系といった三つの構成要素からなるとされている。言語的短期記憶は、数、単語、文章といった音声で表現される情報を保持し、視覚的短期記憶は、イメージ、絵、位置に関する情報を保持している。一方、中央実行系は、注意をコントロールし、高次の処理に関わっている。言語的短期記憶と中央実行系の働きを合わせて、言語性ワーキングメモリと呼び、視覚的短期記憶と中央実行系の働きを合わせて、視空間性ワーキングメモリと

呼んでいる。

　ワーキングメモリは、思考と行動の制御に関わる実行機能（executive functions）の一つであると考えられている。実行機能には、抑制（inhibition）、更新（updating）、シフト（shifting）の三つの働きがあるとされているが、その中で、更新の働きがワーキングメモリであるとされている。そして、これら三つの働きの中で、更新（ワーキングメモリ）が知能（流動性知能・結晶性知能）に影響すると考えられている。

　このように、ワーキングメモリは、私たちの思考を支える重要な機能であるため、児童生徒においては、国語、算数（数学）、理科などの学習と密接に関連していること、そして、発達障害のある子どもの多くがワーキングメモリに問題を抱えていることが明らかになっている。

　これまでの研究から、一般に、かな文字や漢字、文章の読みに困難を示す児童生徒は、言語領域のワーキングメモリに問題を示し、かな文字や漢字の書き、計算に困難を示す児童生徒は、視空間領域のワーキングメモリに困難を示すことが分かっている。しかし、そのような児童生徒の発達特性を踏まえた上での支援が十分に行われていないと指摘されている。さらに、現在、高校や大学などの高等教育機関の卒業後の支援機関である発達障害者支援センター（障害者職業センター）においても、発達障害のある人に対する就労支援のノウハウや人材が足りないため、十分な対応ができていないという現状がある。

　我が国においても、ワーキングメモリの機能と学習の困難さについての研究は進められているが、実践的な研究はまだ十分ではないのが現状である。これまでの研究成果からは、ワーキングメモリの機能にかかる負荷を軽減できるような工夫が重要であると指摘されている。例えば、湯澤ら（2013）は、ワーキングメモリの機能が相対的に低い児童は授業に参加しにくい状況にあるため、発問前に考える時間をとること、発問を繰り返すなどの工夫が重要であることを指摘している。

⑷ まとめ

　ここまで見てきたように、これからの学校教育においては、インクルーシブ教育を推進するための特別支援教育体制の整備が重要だといえる。インクルーシブ教育の考え方は、障害のあるなしにかかわらず、すべての子どもたちの教育的ニーズに対応することが重要ではないだろうか。児童生徒の発達特性や認知特性を把握するアセスメントが重要であること、さらに、脳科学や認知科学の成果を踏まえた根拠のある指導が求められていることが分かる。今後は、上述したRTIの考え方に基づく指導の工夫や、CBMの活用、PASS理論を活用した授業実践、さらにはワーキングメモリの機能に着目した授業改善など、学校現場での実践的な研究が積み重ねられることが期待される。　　　　**（伊藤一美）**

〈引用・参考文献〉
干川隆（2016）「視写のカリキュラムに基づく尺度（CBM）の日本語版標準化に向けた問題の検討」『熊本大学教育学部紀要』第65号，pp.125-130.
干川隆（2018）「学習の進捗状況モニタリング尺度としての算数のカリキュラムに基づく尺度（CBM）の開発―２年間にわたる取り組みの成果―」『熊本大学教育学部紀要』第67号，pp.91-98.
海津亜希子・田沼実敏・平木こゆみ・伊藤由美・Sharon Vaughn（2008）「通常の学級における多層指導モデル（MIM）の効果」『教育心理学研究』56巻，pp.534-547.
柿﨑朗・古川光啓・高橋寿・木村琢生・小沼順子・成田繭子・天海丈久（2011）「発達障害児のための支援システムに関する研究（1）―プランニング・注意を高めるプログラムの開発―」『青森県総合学校教育センター研究紀要』I，pp.1-10.
松尾奈美（2016）「知能のPASS理論の枠組みを用いた小学５年社会科の授業分析」『広島大学大学院教育学研究科研究紀要』第三部第65号，pp.63-72.
文部科学省（2012）「共生社会の形成に向けたインクルーシブ教育システム構築のための特別支援教育」
文部省中央教育審議会（1996）「21世紀を展望した我が国の教育の在り方について」
湯澤正通・渡辺大介・水口啓吾・森田愛子・湯澤美紀（2013）「クラスでワーキングメモリの相対的に小さい児童の授業態度と学習支援」『発達心理学研究』第24巻，第3号，pp.380-390.
湯澤美紀（2011）「ワーキングメモリと発達障害―支援の可能性を探る―」，Japanese Psychological Review, Vol. 54, No. 1, pp.76 -94.

2. 特別支援教育に関する新たな課題
（LD、ADHD 等）

(1) インクルーシブ教育に向けて

　2007年度より特別支援教育は、本格的に実施された。従来の盲学校、聾学校、養護学校（知的障害、肢体不自由、病弱）や通常学校内に設置されていた特殊学級にて、障害種別と程度に分かれて教育が行われていた「特殊教育」から、障害のある児童生徒一人一人の教育的ニーズに応じて適切な教育的支援を行う「特別支援教育」へと転換が行われた。それに伴い、盲聾養護学校は、それぞれ障害種別にこだわらない、総合的でありセンター的機能を有する特別支援学校となり、通常学校内に設置されていた特殊学級は、特別支援学級となった。

　また、2006年度より、通級指導教室の対象として、学習障害、注意欠陥・多動性障害、自閉症が新たに加わり、週に1時間から8時間までとされていたものが、月1時間から週8時間まで柔軟に利用できるようになった。

　このように、現在の特別支援教育では、対象とする障害やニーズは広がっており、その児童・生徒の割合も、通級指導教室が制度化された後の1995年度では、義務教育の段階の盲聾養護学校在学者は、全児童・生徒の0.38％、特殊学級在学者は0.51％、通級による指導を受けている者は0.13％、合計1.02％の児童・生徒であったのに対して、2017年度では、義務教育の段階で特別支援学校在学者は、全児童・生徒の0.7％、特別支援学級在学者は2.4％、通級による指導を受けている者1.1％、合計4.2％の児童・生徒になっている。

　数だけで見ると、特別支援教育の対象児童・生徒が激増していると解釈する場合もあるが、インクルーシブ教育のモデルとなる、英国の場合は約20％の児童・生徒が特別なニーズ教育の対象となっており、米国の場合も約10％の児童・生徒が対象となっていると言われている。したがって、日本において、

今後対象の数が増えていくことは十分予想される。例えば、現在は、読み書き計算と、国語、算数の学力が注目されているが、英語教育が普及していけば、今度は「英語障害」と呼ばれるかもしれない。

さて、これからの特別支援教育の在り方として、2012年7月に中央教育審議会特別支援教育の在り方に関する特別委員会によって、「共生社会の形成に向けたインクルーシブ教育システム構築のための特別支援教育の推進（報告）」が出されている。

1．共生社会の形成に向けて
2．就学相談・就学先決定の在り方について
3．障害のある子どもが十分に教育を受けられるための合理的配慮及びその基礎となる環境整備
4．多様な学びの場の整備と学校間連携等の推進
5．特別支援教育を充実させるための教職員の専門性向上等

と五つの章で構成されている報告であるが、キーワードとして、国際連合・障害のある人達の権利に関する条約の批准に向けて、共生社会を目指したインクルーシブ教育の推進が挙げられる。障害のある人達の権利に関する条約第24条では、「インクルーシブ教育システム」（inclusive education system、署名時仮訳：包容する教育制度）とは、人間の多様性の尊重等の強化、障害者が精神的及び身体的な能力等を可能な最大限度まで発達させ、自由な社会に効果的に参加することを可能とするとの目的の下、障害のある者が「general education system」（政府訳：教育制度一般）から排除されないこと、自己の生活する地域において初等中等教育の機会が与えられること、個人に必要な「合理的配慮（reasonable accommodation）」が提供される等が必要とされている。

その後、我が国では2013年6月26日に、障害を理由とする差別の解消の推進に関する法律が公布され（2016年4月施行予定）、障害者とは、「身体障害、知的障害、精神障害（発達障害を含む。）その他の心身の機能の障害（以下「障害」と総称する。）がある者であって、障害及び社会的障壁により継続的に日常生活又は社会生活に相当な制限を受ける状態にあるものをいう。」と定義され、

合理的な配慮を行わないことは差別に当たるとされた。ただし、この合理的な配慮とは何かを具体的に検討することが課題として残されている。

⑵　インクルーシブ教育とは

　このように、インクルーシブ教育は、障害のある人達の権利に関する条約など国際連合等世界的な流れではあるが、まだまだ日本では、統合教育（インテグレーション）と区別がついていない誤解があったりする。1979年に日本は養護学校の義務化を行い、通常教育と特殊教育が分かれるいわゆる分離教育が行われた。この義務化は、障害が重度であっても教育を受ける権利が認められ、インクルーシブ教育が目指している教育の第一歩と考えられるのであるが、その一方、障害を理由に別の学校に行かなければならないというデメリットもあった。その中で、いくら障害が重度であっても、同じ学校、同じ学級で学ぶことを目指す統合教育運動も行われた。しかし、適切な支援がされずにただ同じ場で学ぶだけでは、子どもたちへの教育が保障されないという批判もあり、インクルージョン・インクルーシブ教育という言葉が使われるようになった。つまり、分離教育でもなく、統合教育でもなく、第三の道がインクルーシブ教育であると言えよう。また、インクルーシブ教育は、障害のあるなしに関係なくニーズに合わせた特別なニーズ教育であると言える。

　では、インクルーシブ教育の推進に一役買っている、1994年のスペイン・サラマンカ市と国際連合ユネスコとの共催のサラマンカ会議におけるサラマンカ声明を確認してみたい。サラマンカ声明の正式名称は、「特別なニーズ教育における原則、政策、実践に関するサラマンカ声明ならびに行動の枠組み」であり、「インクルージョン（inclusion）の原則」「万人のための教育（Education for All）」がキーワードとなっている（http://www.nise.go.jp/blog/2000/05/b1_h060600_01.html）。

　「われわれは以下を信じ、かつ宣言する。

　　すべての子どもは誰であれ、教育を受ける基本的権利をもち、また、受容できる学習レベルに到達し、かつ維持する機会が与えられなければならず、すべての子

どもは、ユニークな特性、関心、能力および学習のニーズをもっており、教育システムはきわめて多様なこうした特性やニーズを考慮にいれて計画・立案され、教育計画が実施されなければならず、特別な教育的ニーズをもつ子どもたちは、彼らのニーズに合致できる児童中心の教育学の枠内で調整する、通常の学校にアクセスしなければならず、このインクルーシブ志向をもつ通常の学校こそ、差別的態度と戦い、すべての人を喜んで受け入れる地域社会をつくり上げ、インクルーシブ社会を築き上げ、万人のための教育を達成する最も効果的な手段であり、さらにそれらは、大多数の子どもたちに効果的な教育を提供し、全教育システムの効率を高め、ついには費用対効果の高いものとする。」

　ここでのポイントは、学習のニーズをもっているものは、障害のある子どもだけではなくすべての子どもたちであり、教育システムが多様なニーズに応じたものでなければならなく、特別なニーズがある子どもたちも、児童中心の教育学で調整される通常の学校にアクセスしなければならないとある。通常の学級とも書かれていないし、通常の学校に常に通学しなければならないとも書かれてもいない。大事なことは、すべての子どもが教育を受ける基本的権利をもっていて、受容できる学習レベルに到達し維持されなければならないわけであるから、適切な支援が受けられずにただ地域の同じ学級で学んでいることが肯定されているわけではない。つまり、子ども一人一人のニーズに合わせた教育が必要であり、そのためには、地域の学校で多様な学びの場が保障されていくことが重要であり、特別支援学校や、特別支援学級、通級指導教室や、今後検討されていくであろう特別支援教室などの役割は実に大きいということである。
　簡単にイメージするのであれば、大学をイメージしてみると分かりやすい。大学では同じ場で、おのおののニーズに合わせて、法学部や経済学部、理学部、医学部などで学ぶことができる。また、学ぶ学生の年齢も様々である。背の高さを見ても、小学校2年生で3年生より背が高い子がいるし、小学校1年生より低い子もいる。そもそも人間の発達には個人差があるので、認知発達に個人差があるのは当たり前である。インクルーシブ教育とは、障害のあるなしでは

なく、おのおのの教育的なニーズに合わせた教育が行われることが目指されていると考えられる。

　世界中では、まだまだ性別によって教育を受ける権利がない場合や、経済的理由によって教育を受ける権利がない場合もある。また、我が国においては、不登校やいじめなどの問題も重要な課題として指摘されており、障害のあるなしにかかわらず、誰一人も仲間外れしない教育制度としてのインクルージョン・インクルーシブ教育が重要になる。インクルーシブ教育は、「Education for All」がキーワードとなっているように、様々なニーズに応じた教育であるといえる。

⑶　障害のある人達の権利条約（障害者権利条約）における教育

　障害のある人達の権利条約（障害者権利条約：https://www.mofa.go.jp/mofaj/gaiko/jinken/index_shogaisha.html）は、2006年12月に国連総会において採択され、我が国は、2007年9月に署名を行った後、国内法の整備などを経て、2014年1月20日に批准を行った。この条約の第2条には、用語の定義がされており、「障害に基づく差別」とは、障害に基づくあらゆる区別、排除又は制限であって、政治的、経済的、社会的、文化的、市民的その他のあらゆる分野において、他の者との平等を基礎として全ての人権及び基本的自由を認識し、享有し、又は行使することを害し、又は妨げる目的又は効果を有するものをいう。障害に基づく差別には、あらゆる形態の差別（合理的配慮の否定を含む）を含む。

　「合理的配慮」とは、「障害者が他の者との平等を基礎として全ての人権及び基本的自由を享有し、又は行使することを確保するための必要かつ適当な変更及び調整であって、特定の場合において必要とされるものであり、かつ、均衡を失した又は過度の負担を課さないものをいう。」と、書かれている。

　また、第24条は、教育に関するものであり、「障害者を包容するあらゆる段階の教育制度及び生涯学習を確保する」ために、「障害者が、その人格、才能及び創造力並びに精神的及び身体的な能力をその可能な最大限度まで発達させ

ること」(1-b) と書かれており、ただ、通常学級で同年齢の子どもと一緒に在籍させることが大事なのではなく、発達の保障もうたわれている。そして、「障害者が障害に基づいて一般的な教育制度から排除されないこと及び障害のある児童が障害に基づいて無償のかつ義務的な初等教育から又は中等教育から排除されないこと」(2-a)、「障害者が、他の者との平等を基礎として、自己の生活する地域社会において、障害者を包容し、質が高く、かつ、無償の初等教育を享受することができること及び中等教育を享受することができること」(2-b) と書かれており、一般的な教育制度には、特別支援教育も含まれている。そして、「点字、代替的な文字、意思疎通の補助的及び代替的な形態、手段及び様式並びに定位及び移動のための技能の習得並びに障害者相互による支援及び助言を容易にすること」(3-a)、「手話の習得及び聾社会の言語的な同一性の促進を容易にすること」(3-b)、「盲人、聾者又は盲聾者（特に盲人、聾者又は盲聾者である児童）の教育が、その個人にとって最も適当な言語並びに意思疎通の形態及び手段で、かつ、学問的及び社会的な発達を最大にする環境において行われることを確保すること」(3-c) とあり、言語・コミュニケーションの発達支援のために視覚障害教育、聴覚障害教育の重要性が指摘されている。したがって、当然知的・発達障害においても質の担保が必要だと考えられる。

⑷ 発達障害というニーズ

　近年は、LD*やADHD**、自閉スペクトラム症といった、通常学級に在籍している児童・生徒の中にも、様々な認知発達の特徴がある子どもたちの存在が指摘されるようになった。また、米国精神医学会の診断と統計マニュアルの最新版であるDSM-5（2013年5月）では、広汎性発達障害という名称が、自閉スペクトラム症となった。社会性の発達の遅れ、言語発達の遅れ、常同行動の三つ組障害が特徴であると言われていた自閉症を中心とした広汎性発達障害であったが、前者の二つが一緒になり、社会的言語コミュニケーションの発達の遅れと、常同行動といったことが特徴の中心となった。また、アスペルガー症候群や高機能自閉症といったサブタイプがなくなった。2019年5月に採択された

世界保健機構（WHO）の国際疾病分類（ICD-11）でもそのようになっている。

　また、我が国では、発達障害と知的障害を分けて考える場合があるが、米国では、発達障害（developmental disabilities）は、知的障害（Intellectual disabilities）の上位概念と考えられている（AAIDD：米国知的発達障害協会HP: http://aaidd.org/intellectual-disability/definition/faqs-on-intellectual-disability#.Ugji95JCDSg）。また、DSM-5でも、ICD-11でも、知的障害やLD、ADHD、自閉スペクトラム症は、神経発達障害（神経発達症）というカテゴリーの中に入っている。

＊LDの定義

　学習障害とは、基本的には全般的な知的発達に遅れはないが、聞く、話す、読む、書く、計算する又は推論する能力のうち特定のものの習得と使用に著しい困難を示す様々な状態を指すものである。

　学習障害は、その原因として、中枢神経系に何らかの機能障害があると推定されるが、視覚障害、聴覚障害、知的障害、情緒障害などの障害や、環境的な要因が直接の原因となるものではない。（文部科学省）

＊＊注意欠陥／多動性障害（ADHD）の定義

　＜Attention-Deficit/Hyperactivity Disorder＞

　ADHDとは、年齢あるいは発達に不釣り合いな注意力、及び／又は衝動性、多動性を特徴とする行動の障害で、社会的な活動や学業の機能に支障をきたすものである。

　また、7歳以前に現れ、その状態が継続し、中枢神経系に何らかの要因による機能不全があると推定される。（文部科学省）

⑸　障害という名称

　WHOが2001年に発表したICF：国際生活機能分類という疾病や障害のモデルが一般化されている（次ページ図1）。

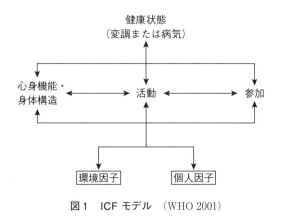

図1　ICF モデル　（WHO 2001）

図2　ICIDH モデル　（WHO 1980）

　そのモデルの旧モデルとしてICIDH（国際障害分類）モデル（図2）という
ものがあった（WHO 1980）。日本語では障害と一つの言葉であるが、三つの側
面で見ている。例えば、足を切断したら機能障害だが、それは、歩けないとい
う能力障害であり、そうなると就職に不利になるという社会的不利という側面
になる。そこで、知的障害（Intellectual Disabilities）や学習障害（Learning
Disabilities）、発達障害（Developmental Disabilities）を考えてみると、impairment
ではないのに、日本語では障害と訳されてしまったため、視覚障害や聴覚障害
などの身体障害と同じようなイメージをもたれがちである。視覚障害や聴覚障
害の場合は、発達が遅れていてその障害があるわけではない。発達障害の場合
は、最終的に標準発達に追いつくかといえば難しい面もあるが、本人自身で見
ると、必ず発達しているという観点が重要になる。

ICIDH 2 と呼ばれて改定作業が行われたICFモデル（図1）は、ICIDHが
Impairmentから、Disability、Handicapと一方向だったモデルが、双方向に
なった。また、個人因子と環境因子が関連するモデルとなっている。そして、
重要なポイントとして、Impairment、Disability、Handicapと、ネガティブ
な言葉を使うことによって、ICIDHは障害がある人達のモデルだったのだが、
ICFでは、心身機能・身体構造、活動、参加とポジティブな言葉を使うことに
よって、障害のあるなしに関係なく、骨折をしたり、妊娠したりするなど、ふ
だんは健康な人においても、適応できるようなモデルとなった。つまり、ユニ
バーサルデザインだと考えられる。インクルージョンの考え方もユニバーサル
デザインであり、障害のあるなしにかかわらず、一人一人の教育的ニーズに応
えることによって、誰一人差別されることのない教育を目指していると言えよ
う。
　また、日本でも、disorderを障害と訳さず、「〜症」と訳し、障害に限定せ
ずに広い概念をもたせるという意見も出され（例えば、日本児童青年精神医学会）、
DSM-5の日本語訳には、以下のような表現が併記されており、2019年5月に
採択されたICD-11でもこの訳が使われる予定である。
　　　Attention Deficit/Hyperactivity Disorder　注意欠如・多動症
　　　Specific Learning Disorder　特異的学習症
　　　Intellectual Developmental Disorders　知的発達症
などである。

　名称が変わっても、社会や文化が変わらなければ、ニーズのある人たちの生
活は改善しないかもしれない。しかし、それらの名称が社会や文化を形成して
いたとも考えられる。現在ではインクルージョンは理想かもしれないし、職場
で障害がある人達と一緒に働くことに偏見もあるかもしれない。しかし、
1985年の男女雇用機会均等法の成立前は、女性が働くことへの偏見は強かっ
たと思う。現在ではそれらが解消されたとは言い難いが、職場の同僚に女性が
いることはなんらおかしなことではなくなったと思われる。それらと同様に、

あと三、四十年で、障害がない人と障害がある人達が同僚になることは全く珍しいことではなくなるかもしれないし、そのような社会・文化をつくっていくことが大事なのだと思われる。それが、社会モデル、文化モデルと言われるものである。 （西永　堅）

第4節

子どもの生活の変化を踏まえた課題

1. 居場所づくりを意識した集団形成

(1) はじめに

　かつて中教審答申（中央教育審議会 2008）は、子どもたちの現状について、「自制心や規範意識の希薄化」「不登校児童生徒の増加」などの問題点を挙げるとともに、「子どもが外で遊ばなくなり発達に応じた遊びや体験がない、コミュニケーションがとれなくなったといった子どもの変化を指摘する声」を紹介した。子どもたちの現状については、一方で、「つながらない」「つながれない」といわれる状況や（広岡 2015）、「友だちが大切、でも友だちとの関係を重苦しく感じてしまう」不安など（菅野 2008）、人間関係形成に係る難しさが指摘されている。人間関係に係る不安から、学級が子どもたちにとって必ずしも安心して学べる場所にはなっていない現状があり、一人一人の「居場所」のある集団の形成が求められている。

　ここでは、「居場所づくり」が求められる場として、主として学級に焦点を当て、互いに安心して関わり合い、成長を支え合う観点から、「安心」「相互理解」「信頼」を柱とする集団の形成について考えていきたい。

⑵ 学級における集団の形成と「居場所づくり」

① 学級における相互関係の形成

「学級」は、教育を目的に編制された組織として、「たまたま特定の地域に住む子供が、教育を受けるために割り振られた」集団（文部省 1989、以下「諸問題」）としてスタートする。子どもたちは、自分の意思とは関わりなくそこに所属し、お互いが必ずしも親和的、調和的ではない集団の一員として関わり合うことが求められる。互いに避けようとしたり、気持ちの上で無理が生じたりすることも当然ありうる。『「同じクラスだから、みんな仲良く」といった人間関係の制度的基盤』が不安定化している（土井 2016）と指摘される現状において、互いに安心できる相互関係の形成が共に生活し、学ぶための要件となっている。

今回の学習指導要領の改訂において、小、中、高それぞれに一人一人の発達を支える観点から、「学級経営の充実」が課題として示された。スタート時における学級において、『「仲間」（または「われら」）といった連帯感に基づくまとまりをつくりあげ、共通の目的を達成することができるように協力しあう態勢を確立する』（「諸問題」）ことが学級経営の当面する課題だとされるのは、制度上の仕組みである学級を、互いに安心して学ぶことができるようにするためだといってもよい。

このことに関して、例えば特別活動においては学級活動を通して「学級経営の充実を図りながら、学びに向かう集団の基盤を形成する」（『小学校学習指導要領解説 特別活動編』）として、「人間関係形成」「社会参画」「自己実現」の三つの視点が示されている。これらは、「居場所づくり」に通じる視点でもある。

② 学級における「居場所」とは何か

学校（学級）における集団の在り方に関わって、「居場所づくり」という言葉が使われるようになったのは、不登校対応の観点からであった。平成4年に出された『登校拒否（不登校）問題について——児童生徒の「心の居場所」づくりをめざして』（学校不適応対策調査研究協力者会議報告）では、「心の居場所」を「自己の存在感を実感し精神的に安心していられる場所」であるとして、不

登校対応の取組を求めていた。その後も、「自己が大事にされている、認められている等の存在感が実感でき、かつ精神的な充実感の得られる」場所としての「心の居場所」づくりの取組が進められてきた（平成15年「今後の不登校への対応の在り方について（報告）」）。学校（学級）が安心して学ぶことができ、人とのつながりに支えられて自己実現を目指すことができる場であることは、いうまでもなくすべての児童生徒にとって大切な教育の要件である。

　国立教育政策研究所が作成した「生徒指導リーフ」（以下「リーフ」）では、この「居場所づくり」を、「児童生徒が安心でき、自己存在感や充実感を感じられる場所をつくりだす」こととして、教職員が「居場所づくり」を進め、「児童生徒はそれを享受する存在」であるとしている。「リーフ」ではまた、児童生徒が相互の関わりを築く「絆づくり」についても言及しているが、集団形成においては、「居場所づくり」と「絆づくり」との相互補完的な関連の構築が課題となろう。

　子どもたちの不安定な人間関係の問題とともに、「学級がうまく機能しない状況」（いわゆる「学級崩壊」）や「小一プロブレム」など、学級の集団形成に関わる問題もある。教職員が「居場所づくり」を進めるべく努力しても、そこに児童生徒相互の関係が介在する以上、互いに安心できる「居場所」が確保されるとは限らない。「居場所づくり」において、相互関係の形成自体が困難を伴うこともありうる。また、学びの主体として、児童生徒は「居場所」を「享受」するだけでよいのかという問題もある。このことについて、「学級」の学びの場としての教育的な機能の観点から考えてみよう。

(3)　学級における相互関係の構造

①　「学級」の教育機能

　「学級」を、学びの場としての教育的な機能の観点からみると、図1に示すように、「秩序空間」「自治的空間」

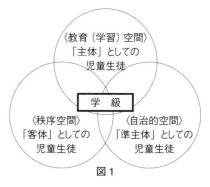

〈教育（学習）空間〉
「主体」としての
児童生徒

学　級

〈秩序空間〉
「客体」としての
児童生徒

〈自治的空間〉
「準主体」としての
児童生徒

図1

「教育（学習）空間」としての三つの側面が考えられる。教育を目的とした集団として編成されることに伴う、機能的な側面といってよい。

　1）「秩序空間」としての学級 ── 「安心」

　基本となるのは、学級における生活や学習が一定の秩序をもって成立することである。児童生徒が共に安心して生活し、学習することを支える「ルール」の構築といってもよい。所定の座席に座り、時間割に基づいて行動する、あるいは、学級生活の維持に必要な、例えば、「日直」や「給食」などの役割を互いに分担する、いわば生活や学習を共にする相互関係の枠組である。そのような枠組において、誰もが公平に遇される（関わり合う）、あるいは、自分のことばをきちんと聞いてもらえる（聞き合う）、そのような実感を得られることが互いの安心を支える。

　このような安心感は、教育の前提である、教師と児童生徒との「教え－教えられる」、いわば「非対称的な関係（指導と被指導）」を介して、教師が担保しなければならないことである。学級生活の「ルール」は、当初は教師によって提示され、児童生徒がそれを受け入れることによって互いの関係の拠り所として機能する。ここでは、児童生徒は教師の指導に従う（あるいは、指導を受け入れるべき）、いわば「客体」として位置する。「リーフ」がいう、教職員が「居場所づくり」を進め、児童生徒がそれを「享受する」ことは、「秩序空間」としての学級に位置づけられる可能性である。

　ここで「客体」として位置する児童生徒は、同時に「非対称的な関係」における一方の「主体」でもある。そこに、児童生徒の相互関係を通じて「自治的空間」が構成される。

　2）「自治的空間」としての学級 ── 「相互理解」

「自治的空間」は、いわば児童生徒の「主体的」な関係として構成される空間である。「自治的」というのは、学校という場の制約を前提とするからだが、その意味では、児童生徒は、いわば「準主体」として振る舞う。互いに「他者」として関わり合うといってもよい。自らの意思で「学級」に所属したわけではないにしても、児童生徒は、何らかの意思をもって生活し、学習すること

はいうまでもない。同じ教室にいる、あるいは席が隣り合う、家が近所で知り合いだったといったことを契機に、そこに所属する児童生徒の相互関係が生じ、そのような相互関係を通じて互いに理解し合うことが、共に生活し、学習する支えとなる。

　休み時間や放課後など、教師の直接の「監督」から離れるところでは、力関係によって左右される可能性もある。「いじめ」が生じる土壌になりかねない空間とみることもできる。児童生徒の「任意」に委ねるだけでは、教育の場としての機能を具現することができないことはいうまでもない。教師の指導だけで教育的に望ましいあり方へと方向づけることも難しく、児童生徒が共に行う様々な活動を通してこそ望ましい相互関係を形づくることが期待できる。学びの場における様々な関わりにおいて互いに理解し合う契機を共有したり、合意の形成を介して共に活動したりするプロセスが、相互理解に支えられた「居場所」を構成することになる。

　特別活動が「望ましい集団活動」の構築を目指すのは、「自治的」な場における望ましい相互関係を通じて学級生活の充実・向上を目指し、一人一人の成長を支えるためであろう。そこに、どのように働きかけることができるか、それが学級における集団の形成を左右する教師の指導といってよい。指導を通じて、「秩序空間」と「自治的空間」とが相互に補い合う関連を構築できるかどうか、教師と児童生徒との関係に係る教師の立ち位置と指導が問われるところでもある。

　３）「教育(学習)空間」としての学級 ──「信頼」

　教育的な関係として、児童生徒が「主体」として学ぶことを想定する空間である。「主体」としてどのように振る舞うかは、文字通り児童生徒に属することである。教師の指導（働きかけ）をどう受け取るか（あるいは、受け取らないか）は、児童生徒自身に委ねられる。教育の理念が想定する（主体的な）「児童生徒」がいる空間といってもよい。しかし、そこで「教師」と「児童生徒」として想定される関係も、実際には、「教師であるＡさん」と「児童生徒であるＢさん、Ｃさん」との関係である。「教師であるＡさん」や「児童生徒である

Ｂさん、Ｃさん」の具体性を離れて、教育的な関係が成立することはない。

これは「居場所づくり」においても同様である。「児童生徒であるＢさんやＣさん……」の相互関係とは別に「居場所」が構築されるわけではない。「Ｂさんや Ｃさんの関係」として、互いに認め合う、尊重し合う関係、安心して関わり合うことができる拠り所が担保されていなければ、「居場所」とはいえない。秩序空間や自治的空間において形づくられる「安心」や「相互理解」を支えとする「主体」的な関わりを通じてこそ、互いに認め合い、尊重し合う関係として、そこに「居場所」が形づくられる。「居場所づくり」に、児童生徒の参画が求められるのはそのためである。

このような関係を構築するには、「学級」の教育的な機能をふまえたアプローチが求められる。学級における相互関係の場である「当番」と「係」を例に、そのアプローチの違いを考えてみよう。

② 相互関係の「場」と「機会」

１）「当番」と「係」

「学級」における相互関係の契機として大方の学校に共通するのは、「当番」や「係」などの活動である。「当番」は学級生活を維持する上で欠かせない活動であるのに対して、「係」は、いわば所属する児童生徒の「任意」に委ねられる活動である。学級をより生活しやすくしたり、互いにとってよい状態にしたりすることを目的に、「創意工夫」を生かして構築する活動であるといってもよい。実際には、半ば学校生活上の習慣として、教師が主導して設けることも少なくないかもしれないが、児童生徒の「自治的な活動」として行われることが本来の趣旨である。

「当番」と「係」は、それぞれの性格から活動の要件が異なる。「当番」は共に生活し学習する上で必要な活動である。誰もが行う活動として、役割の分担や担当における「公平」さ、確実な役割遂行が求められる。対して「係」は、それがなくても学級の生活や学習は成り立つ。「係」は、学級の生活をどうしたいのか、そのためにどのような「係」をつくるか（つくりたいか）、という学級生活についての「合意」形成が基盤である。

「当番」と「係」との、相互関係形成のアプローチの違いについて、「当番」活動における「公平」さを例に考えてみよう。

　「当番」活動の公平さを確保するのは、基本的には教師の指導である。清掃当番において、いつも児童Ａさんはほうきでゴミを掃くなどの比較的楽な仕事を分担し、Ｂさんは水くみやぞうきんがけなど大変そうな仕事を受け持たされる、というような状態があれば、それを是正する指導が求められる。「不公平」を放置しないという、「安心」に関わる「秩序空間」に位置する指導である。

　「不公平」さを、児童生徒が自分たちの問題として取り上げ、公平な役割分担のルールを決めようということであれば、「自治的空間」における問題解決に係る「合意形成」が課題になる。「合意」形成のプロセスは、学級における共同の問題の解決を目指して、相互に理解し合うプロセスでもある。「不公平」さの問題解決を通じて、「個」と「集団」をつなぐ場を共有することが期待できる。「自治的」な活動とはいえ、児童生徒が問題解決にアプローチできるよう、教師の指導や支えが必要であることはいうまでもない。

　２）「居場所づくり」における教師の「立ち位置」

　教師の指導により明確にしなければならないことか、児童生徒の自治的な活動として対応するほうがよい問題かは、教師の判断によるところである。「合意」の形成は、教育課程の上では、「学級活動」として位置づけられる話合い活動の課題だが、「居場所」はそのような具体的な関わりを通じて形づくられることになる。所属することによって生じる関係が、相互に安心できる関係として形づくられるかどうか、それが「居場所づくり」を左右するといってもよい。互いに認め合い、尊重し合う、そのような構えは教師がきちんと指導しなければならないが、互いに認め合い、安心して関わり合うことができる関係の構築には、共通の目標に向かう合意の形成や合意の形成を通じた相互理解など、児童生徒の参画が欠かせない。

　このような教師の指導と児童生徒の参画に関して、白松（2017）は、「学級経営」における三つの領域を示している（次ページ図２）。

　国立教育政策研究所の「リーフ」がいう、教職員の「居場所づくり」は、

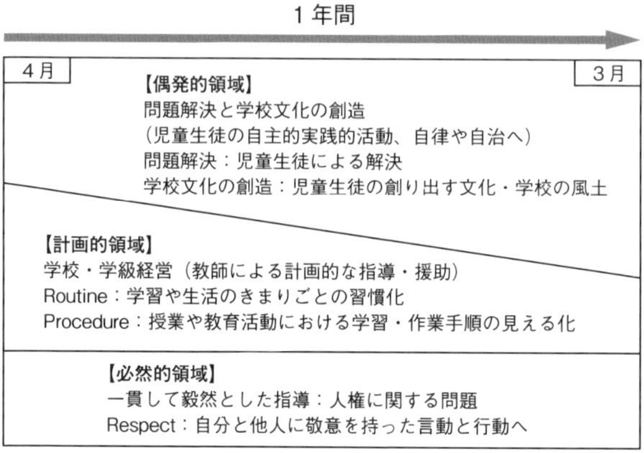

1年間 →

4月 3月

【偶発的領域】
問題解決と学校文化の創造
（児童生徒の自主的実践的活動、自律や自治へ）
問題解決：児童生徒による解決
学校文化の創造：児童生徒の創り出す文化・学校の風土

【計画的領域】
学校・学級経営（教師による計画的な指導・援助）
Routine：学習や生活のきまりごとの習慣化
Procedure：授業や教育活動における学習・作業手順の見える化

【必然的領域】
一貫して毅然とした指導：人権に関する問題
Respect：自分と他人に敬意を持った言動と行動へ

図2

「自分と他人に敬意を持った言動と行動へ」と促す、「必然的領域」における指導といってよい。

そのような指導を通じて、「学習や生活のきまりごと」が児童生徒の参画を通じて「習慣化」し、「主体的」な問題解決を共有するようになっていくプロセスが、互いに安心できる「居場所づくり」のプロセスでもあろう。

　教育的な場としての学級は、教師と児童生徒との非対称的な関係を前提として成り立つ。学級において、互いに安心できる相互関係（「居場所」）の構築は、教師の指導と児童生徒の参画とが相互に補い合う関連として構築されることによって可能になるといってよい。

　「居場所づくり」に関して、教師の指導の観点からみてきたが、次に、「居場所」に関して、児童生徒と「学級（学校）」をつなぐ回路の観点から考えてみよう。

⑷ 「個」と「学級」をつなぐ回路――「ソーシャル・ボンド」

　かつて、滝川（1994）は、「不登校の子どもはなぜ学校へ行かない（行けない）かの理由を云々する前に、なぜ大多数の小中学生は休まずに登校する（できる）のだろうか」との問いを投げかけていた。「学校教育」という制度と、その教育目的のために編制される「学級」は、子どもにとって必ずしも親和的でないことは先にみたとおりである。子どもたちが学校へ向かう力、言い換えれば、子どもたちと学校をつなぐ回路はどのようなものなのだろうか。「学校（学級）」における子どもたちの「居場所」もそこに関わっていよう。

「不登校」について、ハーシィの「ボンド理論」をもとに、子どもと学校をつなぐ回路を示したのは森田（1991）である。「ソーシャル・ボンド」について、森田は簡潔に「共同性へのつながりの意識」として、四つの回路を示している（森田 2010）。このような回路を通じて、他者との関係における「居場所」を実感できるようにすることは、児童生徒一人一人の自己形成の基盤として大切なことであろう。

　まず、所属する集団への「愛着」である。「周りの人々への情動的な感情と、そこで形成されるつながり」とされている。このつながりは、学級が「安心」できる場であることを支えに、互いに認め合う、助け合う、協力し合うなどを契機として実感される、いわば「絆」といってもよいつながりである。情動的な結びつきは、活動を共にするプロセスを通じて醸成される。この点で、次の二つの「ボンド」が重要であろう。

　まず、「コミットメント」。自分の関わる社会的な場に対して、どう関わるか（その規範や役割に従うかどうかといったことも含む）といった判断や選択である。当番として互いに役割を受け持ったり、様々な工夫を通して、共により　よい学級生活を目指して係の活動に取り組んだりするなど、学級の場づくりへの参画といってもよい。

　次に、「コンサマトリーな自己実現」。「自分のニーズを充足させるものがあるかどうか」による結びつきの回路である。森田は、自分なりの充実感を見出せる活動の提供や構築に言及している。「ニーズを充足させるもの」が何かはそれぞれだとしても、共に生活し、学ぶことを基盤に、合意の形成や合意に基づく活動を通じて充足感を共有することができよう。学級の活動として、共に楽しむことができる活動を計画・実践したり、合唱祭のような学校行事に取り組むことを通して一体感を味わったりすることが考えられる。学級における諸活動を行うにあたって、それらを「コミットメント」や「コンサマトリーな自己実現」といった観点から位置づけ、その意義を実現するよう働きかけることが大切であろう。

　さて、四つの回路のうち、その実現が最も難しいのが、「規範を守ることが

集団や自分たちにとって大切なこと」だという「ビリーフ（規範の正当性への信念)」ではないだろうか。「居場所」が求められる集団における「つながりの意識」は、そこでの様々な活動を通して醸成されることが期待できるが、価値観が多様化し、「学校」以外にも、自己実現に向けた学びの場が用意されるようになって選択肢も広がっている。共に生活し、学ぶ過程で当面する問題も、「それぞれの考え方」に解消されてしまうこともあり得る。

　「規範の正当性」を介して、学校（学級）における諸課題を共有し、合意の形成を通じて「個」と「集団」が結びつくことをどのように実現できるのか、それが「居場所づくり」に関わる今後の課題といってよいのではないだろうか。

⑸　「居場所」とは何か

　「居場所づくり」については、その取り組み方によっては、児童生徒の「存在をまるごと承認してしまう」ことになり、「自己変容の契機を全く子どもの側に委ねてしまうことになる」との懸念も指摘されている（広田 2016)。児童生徒が「居場所」を「享受」するだけであれば、あり得る懸念には違いないが、そのような関係においては、「自己変容の契機」そのものが危うい。

　「居場所づくり」は、相互の関係の問題として、児童生徒が当の主体として参画してこそ果たすことができる課題である。そのような課題へのアプローチが互いに認め合う関係を構築し、一人一人の自己変容や自己実現を支えることにもなるはずである。共に学び、生活する場における様々な活動を通じて、「与えられた集団」を「自分たちの集団」へと（意識の上で）再構成するそのプロセスを通じてこそ、「共同性へのつながり」に支えられた「居場所」が実現できるのであろう。

（大隅心平）

〈引用・参考文献〉
広岡義之編著（2015)『新しい特別活動』ミネルヴァ書房
菅野仁（2008)『友だち幻想』筑摩書房
文部省（1989)『生徒指導をめぐる学級経営上の諸問題』
土井隆義（2016)「友だち関係のつまずきを恐れる子どもたち」『児童心理』金子書房

国立教育政策研究所（2015）『生徒指導リーフ「絆づくり」と「居場所づくり」Leaf.2』

白松賢（2017）『学級経営の教科書』東洋館出版社

滝川一廣（1994）『家庭のなかの子ども・学校のなかの子ども』岩波書店

森田洋司（1991）『「不登校」現象の社会学』学文社

森田洋司（2010）『いじめとは何か』中公新書

広田照幸（2016）「教育改革と反知性主義」『岩波講座現代8　学習する社会の明日』岩波書店

中央教育審議会（2008）「幼稚園、小学校、中学校、高等学校及び特別支援学校の学習指導
　　要領の改善について（答申）」

2. 多様化に応じた学級づくりと
学級担任の役割

(1) はじめに

　社会の変貌とともに、教育の現場も急速な変化を迎えてきている。現在の教育現場を照射し、そこで生じている様々な課題を捉えながら、それらにどのように向き合いながら、今後、教師としての歩みを進めていくのか考えてみたい。また、現在は教育現場に直接は関わっていない立場でも国民の一人として様々な教育問題をいかに理解すべきなのか等についても考えてみたい。

　平成28年6月28日に文部科学省に設置された有識者会議が「学校における外国人児童生徒等に対する教育支援の充実方策について（報告）」をとりまとめ、以下のような内容を公表した。報告によると、外国人児童の増加や、保護者の国際結婚などによる日本国籍の児童生徒の増加等により、公立学校に在籍する日本語指導が必要な児童生徒数が3万人を超えて、さらに増加の傾向にあることや、これらの状況を踏まえて外国人児童生徒等の受入態勢の整備や日本語指導・教科指導、生活指導等の充実を図ることが急務であることが示されている。

　上記の課題は、日本語指導が必要な外国人児童生徒に関する教育的な課題として捉えることができるが、現実に目を向けてみると、社会の変化に伴い、貧困や性的マイノリティなど他にも教育的な課題が多様化しており、学校ではそれらの課題に対する適切な対応が求められている。

(2) 近年の教育課題の流れを追って

　ここで、あらためて顕著な今日的な課題を列挙し、それらの課題に関する周辺の状況について整理しておく。

① 貧　困

1990年代前半頃から外国人児童生徒の増加、90年代半ば頃から子供の相対的な貧困率が上昇した。2014年1月、内閣府・文部科学省・厚生労働省から「子どもの貧困対策の推進に関する法律の施行について」が通知された。これは、わが国の子供の貧困率の高まりを受けて制定されたものであり、子供の貧困対策を総合的に推進していくことを目的とした。この法律を受け、「子供の貧困対策に対する大綱～全ての子供たちが夢と希望を持って成長していける社会の実現を目指して～」が閣議決定（2014年8月）された。この大綱では基本的な方針や重点的な施策が示されている。

例えば大綱のなかの「教育の支援」の項では、「学校」を子供の貧困対策のプラットフォームと位置付けて総合的に対策を推進するとともに、教育費負担の軽減を図ることを示している。さらに、①学校教育による学力保障、②学校を窓口とした福祉関連機関との連携、③経済的支援を通じて、学校から子供を福祉的支援につなげ、総合的に対策を推進するとともに、教育の機会均等を保障するため、教育費負担の軽減を図ることなどに言及している。

「学校教育による学力保障」に関しては、学校に通う子供の学力が保障されるよう、少人数の習熟度別指導や、放課後補習などの取組を行うため、教職員等の指導体制を充実し、きめ細かな指導を推進することなどにも言及している。子供の貧困問題に関する理解を深めていくため、免許状更新講習や研修における関連講習、校内研修等の開設を促進することも重視されていることを付記したい。このことを受けて、各都道府県では「子どもの貧困対策計画」を策定することが努力義務となっている。

② 性的マイノリティ

2010年「児童生徒が抱える問題に対しての教育相談の徹底について（通知）」や2014年の「学校における性同一性障害に係る対応に関する状況調査について」を受けて、2015年4月文部科学省は「性同一性障害に係る児童生徒に対するきめ細かな対応の実施等について」の通知を出した。この通知内容では、性的マイノリティの児童生徒に対する支援の在り方や相談体制の充実について

の内容が示されている。さらに、2016年4月文部科学省から教職員向けに「性同一性障害や性的指向・性自認に係る、児童生徒に対するきめ細かな対応の実施等について」が示されている。この通知は、係る児童生徒の対応の在り方についてまとめている。この通知では、性同一性障害は、生物学的な性と性別に関する自己意識が一致しないため、社会生活に支障がある状態とされることや、このような性同一性障害に係る児童生徒については、学校生活を送る上で特有の支援が必要な場合があることから、個別の事案に応じ、児童生徒の心情等に配慮した対応を行うことが求められている。

③ 外国人児童生徒

2014年1月に「学校教育施行規則の一部を改正する省令等の施行について」が通知された。これにより、帰国・外国人児童生徒等に対する日本語指導をいっそう充実させる観点から、特別な教育課程を編成・実施することを可能にした。

2017年「日本語指導が必要な児童生徒の受入状況に関する調査」が実施された。この調査で日本語指導が必要な外国籍の児童生徒数は34,335人で前回調査より5,137人増加したことや、日本語指導が必要な日本国籍の児童生徒数は9,612人で前回調査より1,715人増加していることが示された。また、日本語指導が必要な児童生徒のうち、日本語指導等特別な指導を受けている者の割合及び数に関しては、外国籍の者は76.9％、26,410人で前回調査より6.0ポイント減少していることや、日本国籍の者は74.3％、7,137人で前回調査より4.0ポイント減少したことも示されており、日本語指導が必要な外国人児童生徒が増加しているにもかかわらず、その指導体制が整っていない現状が浮き彫りとなった。

このような現状の中、新学習指導要領が告示された（2017年に小学校・中学校、2018年に高等学校）。これらの指導要領では海外から帰国した児童生徒に対する適切な指導や日本語の習得に困難のある児童生徒に対する指導内容や指導方法の工夫を組織的・計画的に行うことが示されている。

⑶ **教育課題に対する具体的な取組と対応**

① **貧　困**

　貧困の問題は、保護者の貧困が子どもの貧困につながっており、この連鎖を断ち切ることが望まれる。そのためには、当該児童生徒に学校で自己肯定感や学習に対する主体性をもたせることが大切になる。教師自らが、自分とは無縁の問題とは考えずに、これらの現実を見つめ、捉え直していくことが当該の児童生徒に寄り添った指導、内面に届く指導につながる。

　潜在的な様々なニーズに対して、学校が生活支援や経済的な支援のプラットフォームになるための具体的な方策について協議を重ね、共通理解を図り、組織的対応をしていくことが望まれる。例えば家庭の経済的な状況で生活習慣の違いもあり、読書量や保健衛生面での配慮内容も大きく異なってくるのである。しかし、学校として出来ること、出来にくいこともあり、これからの学校は、これらの問題に対しても専門家や専門機関と連携して対応していくことが一層望まれる。

　また、将来に向けての進路指導においても、個々には様々な困難が想定されているうえでも、堅実な社会生活を営むことで貧困に陥らぬような具体的な指導を重ねていくことが大切になる。

　格差は経済的な問題だけでなく、貧困の結果として人間関係や社会性などに関わる居場所がなかったり、不安定だったりする「社会的な孤立」も大きな問題とされる。学校を主体に地域との結びつきを設けていくことも大切である。学校が様々なネットワークをつくりながら、地域の教育資源を活用して困難を抱える児童生徒の支援を行うことが求められている。

② **性的マイノリティ**

　児童生徒の自殺やいじめ、不登校や差別などの防止を進めるために、「性的マイノリティ」に対する適切な理解が必要であるとの専門家からの指摘もある。現在では、性同一性障害者や性的指向を理由として困難な状況に置かれている子供に対する偏見や差別をなくし、理解を深めていくことの啓発活動も進めら

れてきている。児童生徒と日々接している学級担任や養護教諭等の対応や取組に負うところも大きい。2014年の国の調査によると、様々な配慮の実例が確認され、性同一性障害に関する教育相談も606件の報告が上がっている。また、同調査では全国の学校において、服装やトイレ、宿泊研修等に個別対応がなされていることや、約6割の児童生徒が他の児童生徒には知らせずに生活していたことも報告されている。

　係る児童生徒が自認する性別の服装や衣服、体操着の着用を認めることや、職員トイレや多目的トイレの利用、体育、保健体育等での別メニューの設定等、具体的な支援についても同報告書で紹介しているので参考にされたい。

　いわゆる「性的マイノリティ」の児童生徒は、様々な悩みや不安を抱えて生活していると考えられる。児童生徒から相談を受けたときには、児童生徒からの信頼を踏まえて、まずは悩みや不安を聞く姿勢を示すことで安心して話すことができる環境をつくってあげることが大切である。

　何に困っているのか、何を求めているのか等、丁寧に聞き取りながら、どんな支援が可能なのかを慎重に考え対応していくことが大切である。匿名性を守りながらも医療機関などにつなげるケースも考えることや教職員間の情報共有と組織的対応も重要である。本人の同意なく情報を広めることは避け、児童生徒が相談しやすい環境を整えていくことが重要である。「先生はわかってくれる」という安心感をつくることを心掛けたい。

　③　外国人児童生徒

　わが国の義務教育諸学校において日本語指導の需要が高まっていることは歴然としているが、このような実態を踏まえて、当該の児童生徒に対する日本語指導を充実させる観点から、当該児童生徒の在籍学級以外で行われている指導について特別の教育課程を編成・実施できるように制度が整備された。日本語の能力に応じた日本語指導には、当該児童生徒の日本語能力を高める指導だけでなく、その能力に応じて各教科等の指導も含んでいることに配慮しておきたい。その際、在籍する学校の教育課程に必ずしもとらわれることはない。当該児童生徒の学習到達度に応じた適切な内容を準備して学習につなげたい。また、

当該児童生徒の受入にあたり在籍する学年については、必要に応じて相当の学年に在籍させることについての配慮も必要である。

　日本語指導は複数校への巡回指導を含め、在籍校での指導を原則としているが、指導者確保が困難な場合は、他の学校における指導が認められている。当該児童生徒の在籍校と日本語指導を行う学校の連携が大切なことは勿論だが、当該児童生徒の特別の教育課程については、当該児童生徒の在籍校が責任をもって編成していくことが重要である。

　＊日本語の能力を測定する方法として、文部科学省は「学校における利用可能な日本語能力測定方法」を開発している。参考として活用を図りたい。

（嶋田　優）

〈参考資料〉
文部科学省（2016）「学校における外国人児童生徒等に対する教育支援の充実方策について（報告）」
閣議決定（2014）「子供の貧困対策に対する大綱〜全ての子供たちが夢と希望を持って成長していける社会の実現を目指して〜」
文部科学省（2017）「日本語指導が必要な児童生徒の受入状況に関する調査」
文部科学省（2015）「性同一性障害に係る児童生徒に対するきめ細かな対応の実施等について」

3. 生活習慣の変化を踏まえた生徒指導

(1) はじめに

　我が国の社会的状況における変化として、少子高齢化、雇用環境の変容、グローバル化の進展等がある。特に、子供たちを取り巻く環境の変化として、地域社会とのつながりの低下や生活環境の夜型化等のライフスタイルの多様化、規範意識の低下等が挙げられる。

　こうした変化が、成長期の子供の生活習慣を乱し、学習意欲や体力、そして、気力の低下などを引き起こす要因として指摘されている。子供たちに「生きる力」としての、社会の変化に適切に対応し、生活によりよく適応し、現在及び将来の生き方を考え行動する態度や能力を育成することが重要である。

(2) 生活環境の変化 （引用：内閣府 2018）

① 父母と子供の1週間の会話時間

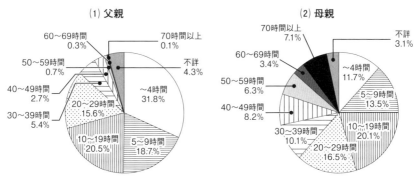

（1）父親

60〜69時間 0.3%
70時間以上 0.1%
50〜59時間 0.7%
不詳 4.3%
40〜49時間 2.7%
〜4時間 31.8%
30〜39時間 5.4%
20〜29時間 15.6%
10〜19時間 20.5%
5〜9時間 18.7%

（2）母親

70時間以上 7.1%
不詳 3.1%
60〜69時間 3.4%
〜4時間 11.7%
50〜59時間 6.3%
5〜9時間 13.5%
40〜49時間 8.2%
10〜19時間 20.1%
30〜39時間 10.1%
20〜29時間 16.5%

（出典）　厚生労働省「全国家庭児童調査」

　■父母と子供の1週間の会話時間について、10時間に満たない父親が半数いる。

② 父母の帰宅時間

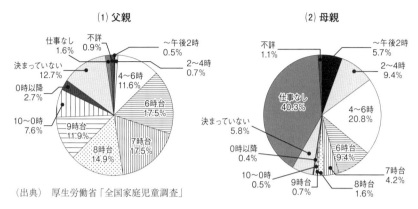

(1) 父親　　　　　　　　　　　　　　(2) 母親

（出典）　厚生労働省「全国家庭児童調査」

■父親の帰宅時間が遅く、約40%近くの父親が夜8時以降に帰宅している。

(3)　基本的な生活習慣とは

・挨拶、返事、お礼ができる。

・早寝、早起き、食事ができる。

・トイレができる。

・着替えや後片付けができる。

・身の回りの整理、整頓、掃除ができる。

・清潔を保つために、洗顔、手洗い、うがい、歯磨き、入浴、頭髪を整える等
　ができる。

　これらのことを自発的に行うことができる能力・態度を育てることが大切で
ある。

(4)　生活環境の変化による子供の課題

　①　少子高齢化

ア　保護者等の過保護・過干渉による、自立不足や依存的な傾向となっている。

イ　子供同士の関わり不足による、自ら課題を解決する力の低下を招いている。

ウ　我がままで自己本位の態度が育成され、集団生活になじめない子供が増加
　　している。
　　②　グローバル化
ア　子供の生まれ育った国や環境の多様化に伴い、伝統や習慣の違いから集団
　　生活に混乱を及ぼしている。
イ　相手が話している言語の理解不足によって、情報の離齬や相互理解の低下
　　をきたしている。
ウ　子供が身に付けている生活習慣や人種の違いなどを起因とした、いじめが
　　発生している。
　　③　生活環境
ア　パソコンやスマホの個人所有の増加に伴い、ネットいじめ、援助交際、有
　　害情報、性的被害等が増加するとともに、問題の発見が困難な状況になって
　　いる。
イ　SNSやゲーム等の利用増加によって、寝不足や学習時間の低下を及ぼして
　　いる。
ウ　共働き世帯やひとり親家庭の増加によって、子供の個食や偏食、健康的な
　　生活時間を過ごすことへの低下が起きている。

⑸　生徒指導とは

　　生徒指導の定義は、「一人一人の児童生徒の人格を尊重し、個性の伸長を図
　りながら、社会的資質や行動力を高めることを目指して行われる教育活動のこ
　とである」(「生徒指導提要」平成22年3月 文部科学省)とされている。各学校では、
　教育活動の全体を通じて、一人一人の児童生徒の健全な成長を促し、現在及び
　将来における自己実現を図っていくための自己指導力を育成しなければならな
　い。自己指導力を育むには、授業や休み時間、放課後、部活動及び地域体験活
　動等の機会を活用することが大切である。
　　自己実現の基礎となるものは、児童生徒を取り巻くあらゆる環境である。そ
　れは、学習環境であったり、地域社会の環境であったり、すべての生活環境を

意味している。

　また、生徒指導を効果的に取り組むためには、学校教育と家庭教育、地域社会における社会教育との連携・協力が必要である。特に、学校における指導と家庭における指導に偏りや違いが生じないように相互の十分な共通認識のもとで行うことが重要である。

⑹　学校教育における生徒指導

①　学習指導要領による位置付け

　平成29（2017）年3月告示の中学校学習指導要領第1章総則第4-1-⑵によれば、「生徒が、自己の存在感を実感しながら、よりよい人間関係を形成し、有意義で充実した学校生活を送る中で、現在及び将来における自己実現を図っていくことができるよう、生徒理解を深め学習指導と関連付けながら、生徒指導の充実を図ること。」となっている。

②　いじめの防止について

　いじめは、いじめを受けた子供の学ぶ権利を侵害するとともに、その子の心身の健全な成長と人格の形成に重大な影響を与える人権問題である。さらに生命や身体に危険を生じさせるおそれがあるものである。

　1）「いじめ防止対策推進法」

　平成25年に法律第71号として施行された。この法律で、インターネット等の普及による生活環境の変化に伴い、いじめの定義が改訂された。

いじめの定義（「いじめ防止対策推進法　第二条」）

　「いじめ」とは、児童等に対して、当該児童等が在籍する学校に在籍している等当該児童等と一定の人的関係にある他の児童等が行う心理的又は物理的な影響を与える行為（インターネットを通じて行われるものを含む。）であって、当該行為の対象となった児童等が心身の苦痛を感じているものをいう。

〈定義の解説〉

　一定の人的関係にある他の児童等とは、学校の内外を問わず、例えば、同じ

学校・学級や部活動の児童生徒、塾やスポーツクラブ等、当該児童生徒が関わっている仲間や集団（グループ）など、当該児童等と何らかの人的関係のある者をいう。

　心理的とは、仲間はずれ、集団による無視など直接的に関わるものではないが、心理的な圧迫などで相手に苦痛を与えるものも含む。

　物理的とは、身体的な攻撃（殴る、蹴る等）のほか、金品をたかられたり、隠されたり、嫌なことを無理矢理させられたりすることを意味する。

　重大ないじめとは、「児童等の生命、心身又は財産に重大な被害が生じた疑いがあると認められるとき。いじめにより相当の期間、学校を欠席していると認めるとき。児童生徒や保護者から、いじめられて重大事態に至った等申立てがあったとき」である。

〈この法律の要点〉

□重大ないじめの場合は、自治体や文部科学省に報告する義務がある。

□各学校に、「いじめ防止等への基本方針」の策定を義務付けた。

□各学校に、いじめ対策のための組織を常設する。

□インターネットによる、いじめ対策の強化を図った。

□いじめが犯罪行為を伴う場合は、ただちに警察への届け出を行うこと。

　２）「いじめの防止対策」

〈教師が心がける視点〉

□授業や休み時間、放課後等に、子供の人的関係を観察する。

□すべての教職員から、子供の気になる情報等を収集し共有する。

□その子が生き生きとしている場面を思い浮かべることができる。

□スクールカウンセラー等の相談室との連携・協力を密にする。

□校内で目の届きにくい場所を、定期的に見回り、確認をする。

□定期的に子供の生活実態調査（いじめのアンケート等）を実施する。

□いじめや暴力は許さない、強いメッセージを発信する。

□地域の方や警察の人たちとの情報交換を行う機会を設定する。

〈いじめ発生時の対応〉

□担任一人で対応することなく、学校全体（組織的）として対応する。

□いじめ（ささいな兆候も）を発見した場合は、すぐに注意と指導に入る。

□人格の成長を主眼にし、被害者や加害者の保護者との連絡を密にした対応をする。

□被害者には、「あなたは悪くない」ことを伝え、事実の確認を行い、安全の確保を図る。

□加害者への対応として、事実関係の確認と自らの行為の理解と指導を行う。

□傍観者等への対応として、誰かに伝える勇気や自分の問題として認識させる。

□事案によっては、関係機関（警察を含む）と連携や相談対応を行う。

□ネット（SNS）等のいじめへの対応として、被害の拡大・拡散を阻止するために迅速に警察や法務局と連携相談を行う。また、ネットパトロール、ネット人権侵害情報に関する相談対応を行う。

3）子どものスマートフォン・携帯電話の利用について

〈スマートフォン・携帯電話の所有・利用状況〉（引用：内閣府 2018）

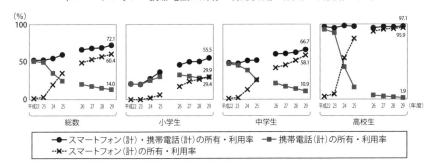

■携帯電話の利用が減り、スマートフォンの利用が増加している。
■平成29年度のスマートフォンの所有・利用率では、小学生が29.9%、中学生が58.1%、高校生が95.9%となっている。

　また、内閣府「平成29年度青少年のインターネット利用環境実態調査　調査結果」によれば、「インターネットの平日1日あたりの利用時間の状況」で3時間以上利用している児童生徒は、小学生が16.1%、中学生が35.5%、高校

生が53.8%である。

　この中で、半数以上の児童生徒は5時間以上の利用状況であった。このことから、子供たちの生活時間の多くはインターネットとの関わりであることが分かる。

　また、保護者の状況としては、「ネット利用状況を把握している」が36.1%、「目の届く範囲での利用」が31.6%、「利用時間等のルールを決めている」が28.4%であった。子供が安全で安心して利用できるインターネット環境の整備等が課題である。

〈インターネット等に不適切な書き込みを発見した時の対応〉

□児童生徒の人命に関わるような緊急性のある書き込みを教員が発見、または情報提供された場合には、教員は児童生徒の人命を最優先にして行動する。

□学校の管理職、学年主任等へ報告し、指示を仰ぐ。管理職や学年主任等が不在の時には、緊急時対応マニュアルに従って電話連絡等によって指示を仰ぐ。

□緊急の場合は、状況を鑑みて自身の判断で通報を行う。自身で判断する場合に備えて、予め学校で対応の仕方を決めておく。

□書き込みの内容や背景をもとに当該児童生徒の特定に努めるとともに、人命に関わる可能性があるかを適切に判断する。

□保護者への連絡と連携を密に行う。

□警察・消防へ通報する。

□教育委員会へ報告する。マスコミ等に対応する準備を行う。

□対策チームを設置し、対応の検討・実施等を行う。

□事後においても、定期的に様子を見守りながらケアを続ける。

□問題が見られなくなった後も、再発防止に努める。

□対応中や事後において、対応についての評価・改善を行う。

(参考：東京都教育庁「平成22年度インターネット等の適正な利用に関する指導事例集」)

⑺　家庭教育と学校教育の連携について

> （家庭教育）
> 第十条　父母その他の保護者は、子の教育について第一義的責任を有するもの
> であって、生活のために必要な習慣を身に付けさせるとともに、自立心を育
> 成し、心身の調和のとれた発達を図るよう努めるものとする。
> 　2　国及び地方公共団体は、家庭教育の自主性を尊重しつつ、保護者に対す
> る学習の機会及び情報の提供その他の家庭教育を支援するために必要な施策
> を講ずるよう努めなければならない。　　　　　　　　　　　　（教育基本法）

①　家庭教育とは

　家庭教育は、子供が健やかに育つための基盤である。一方、少子化による親
の過保護、過干渉の増加、核家族化による身近な人から子育てを学んだり助け
合ったりする機会の減少、地域社会とのつながりの希薄化などで家庭教育の基
盤が揺らいでいる状況がある。また、保護者が子供の叱りを学校に求めたり、
期待したりすることも課題となっている。

②　家庭教育での取組み

１）家庭における「しつけ」の三原則

　教育哲学者の森信三（2008）は、しつけの三原則として次のことを提唱して
いる。

> ・朝、「おはようございます」と明るく挨拶をする。
> ・呼ばれたら、「はい」と返事をする。
> ・履物は、きちんと揃える。席を立ったら椅子を入れる。

　一つ目の「挨拶」は、社会で生活していく上で大切な人間関係を良好に保つ
ために必要なことであり、人を思いやる態度を育てる上でも重要なことである。
二つ目の「返事」は、呼ばれたことを確認し、相手を尊重する人権的な態度を
育成するために大切なことである。三つ目の「揃える。入れる」は、後片付け

と次に使うことを意識し、人と物を大切にする態度の育成につながる。子供に具体的な行動様式を示し、実行させ、子供がその行為ができた時は、認め褒めて習慣化させていくことが重要である。

２）「早寝早起き朝ごはん」の取組

文部科学省は、平成18年度から子供たちが健やかに成長していくために適切な運動、調和のとれた食事、十分な休養・睡眠をとるなど、子供の望ましい基本的な生活習慣を育成するための「子供の生活リズムの向上プロジェクト」に取り組んでいる。子供が生活習慣を身に付けていくためには家庭の果たすべき役割は大きいとして、民間主導の「早寝早起き朝ごはん」全国協議会が設立された。この取組みで期待される主な効果として、

□生活圏の拡大や行動の多様化等による、生活リズムの乱れを防げる。

□生活リズムの改善による、問題行動の予防・改善、自己指導力の向上につながる。

□保護者と一緒に取組むことで、家族としての関係性が向上する。

等がある。

③　家庭と学校が一緒に取り組む

家庭教育は、各家庭での自主性を尊重することが大切であるが、同じ子供を育てている学校との連携も重要である。学校の指導と価値観が共通していることで、子供への教育的な効果は増大する。つまり、指導の共通化を図る取り組み方で実施することが必要である。

１）その子に合った指導

子供の指導において、家ではうまくいくことが学校では困難を生じることがある。うまくいっているのは、保護者がその子の特性を知って対応しているからである。保護者と教員は、互いにその子の指導について共通理解を図ることが必要である。特に、子供の適応行動を増やす指導においては、指導のやり方を共通にして進めることが有効である。

２）ポジティブ行動支援（望ましい行動を育てる）

問題行動を罰するのではなく、望ましい行動を育てるという考え方である。

そのために、

　『良い行動モデルを教える① ➡ 子供が自ら取組む② ➡ できた事実を認め褒める③』

このサイクルを回す（実際には、①～③の中で指導の確認や記録等が必要である）ことで、子供の望ましい行動が増えていく。人は誰でも、他人から認められたり褒められたりすることで意欲のエネルギーを充電する。また、子供が問題行動を起こした直後に、その子は何を獲得しているのかをアセスメントして、対応を検討して指導することも有効である。これは、科学的な根拠に基づく「応用行動分析学」からの指導法である。　　　　　　　　　　　　**（今井文男）**

〈引用・参考文献〉
内閣府（2018）『平成30年版　子供・若者白書』、pp.165、177
文部科学省（2010）『生徒指導提要』教育図書、pp.1
文部科学省（2017）『中学校　学習指導要領（平成29年告示）』pp.25
内閣府（2017）『平成29年度青少年のインターネット利用環境実態調査　調査結果』
東京都教育庁（2010）『平成22年度インターネット等の適正な利用に関する提言事例集』
森信三（2008）『幻の講和　一巻選集』pp.130-136

4. 社会的・経済的環境の変化に応じた キャリア教育

⑴ はじめに

　長野県伊那市に本社がある寒天メーカー・伊那食品工業の会長・塚越寛さんは次のように言っている（2018年12月5日『朝日新聞』朝刊「オピニオン」）。

　　年功序列型賃金、終身雇用、新卒採用という「日本型経営」の原則をかたくなに守ってきました。すべては50年先、100年先を見据えた長期的な視点に基づいています。社員が結婚して子どもを育てていけば、教育費や住宅ローンなどお金がかかるようになる。年齢と共に賃金が上がり、働きたい人が働けるようにする仕組みは欠かせません。
　　後世の人々に恥じない社会をつくっていくためにも、これからの日本は人間の幸せを真剣に考える経営者を増やしていかねばなりません。

　本来は国がその責務として行うべき社会福祉の重要部分も含めて、児童生徒を長期にわたり、学校から社会への円滑な移行を支えたのは企業であったといってよい。この結果として、確かに学校だけにしか通用しないと批判されてきた「学校知」（過酷な受験競争から「学校」歴社会）、「会社人間」、「仕事中毒（ワークホリック）」と揶揄される弊害も随伴したが、それでも新規学卒者定期採用（正規雇用）、それを受けて長期雇用慣行や年功賃金制度に接続する日本型雇用システム（濱口 2011）は、日本において「社会化」（school to work）の機能（乾 2000）を果たしてきたのである。
　1990年代以降こうした日本型雇用システムは大きく揺らぎ始める。こうなると入り口重視のメリットクラティック（学校での成績順）で（苅谷 1991など）「進路先」を決めるわけにはいかなくなる。学校では本来の「進路」指導が求

められたのである。

(2) 進路指導（事実上は「進路先」指導）からキャリア教育へ

① 現　状
１）７・５・３現象

学卒就職３年後までの離職率で、中卒７割、高卒５割、大卒３割とされた。2015年の統計（https://www.mhlw.go.jp/content/11650000/000369541.pdf）では中卒64％、高卒39％、大卒32％である。

２）フリーター

15～34歳で、男性は卒業者、女性は卒業者で未婚の者のうち、〈1〉雇用者のうち勤め先における呼称が「パート」か「アルバイト」である者、〈2〉完全失業者のうち探している仕事の形態が「パート・アルバイト」の者、〈3〉非労働力人口で家事も通学もしていない「その他」の者のうち、就業内定しておらず、希望する仕事の形態が「パート・アルバイト」の者の合計である。

総務省等のまとめでは92年102万人→2003年217万人→2006年187万人と推移し、2013年には182万人、労働力人口に占める割合は10.4％になっている。

３）ニート

ニート（NEET）とは、Not in Employment, Education or Trainingの略で、15～34歳の非労働力人口のうち、家事も通学もしていない者を指す。2014年は56万人で15～34歳人口の2.1％である（平成27年版『子供・若者白書』）。

４）貧困率

国民のうち何パーセントの人が貧困者（全国民の平均的所得の50％以下の所得しか稼いでいない家計）であるかの比率で、OECDの比較調査（2010年）によれば、日本の貧困率はイスラエル、メキシコ、トルコ、チリ、アメリカに続き、第６位（16.0％）の高さになっている。

なお、この時のOECDの平均は11.3％で、厚生労働省（2017年６月）「平成28年国民生活基礎調査の概況」によれば、2015年には15.6％となっている。

② NHK「中学生・高校生の生活と意識調査・2012」から

中学生・高校生の生活と意識はこうした現状を反映している。

1）中高生の多くは今の日本の社会を「よい社会」と思っていないし（57.4％）、将来も明るくない（58.2％、高校生に限ると67.9％）と感じている。

2）だから中高生の半分以上は「早く大人になりたい」とは思っていない（52.5％）。

3）ただそれにもかかわらず、9割以上の中高生は今の自分の生活を「幸せ」だと感じている（とても幸せだ47.9％、まあ幸せだ46.8％）。

4）しかも「他人がどう言おうと、自分がこうと思ったことは主張する」（34.0％）よりも、「無理に自分の考えをおし進めないで、多くの人の意見に合わせる」（62.0％）ほうが望ましいという人が、中高とも6割を超え、10年前と比べて増えている。

③ まとめ

要するに、今の中高生はマイペース、個人主義、現在中心といった傾向で、ここに欠けているものは、自らの生き方を社会に関わらせて主体的に選択・決定する態度や資質、能力である。本来の進路指導やキャリア教育はこうした態度や資質、能力を、学校教育全体（全教育課程）に関わって発達的な観点から組織的・体系的に指導・援助するものなのである。

(3) キャリアの定義とキャリア教育の方向性

1953年に「日本職業指導学会」として創設され、1978年に改組された「日本進路指導学会」は、「進路指導」の定義委員会を昭和56年7月に設置、昭和62年の学会総会で「進路指導の定義に関する報告と提案」を提出し、承認されている。「総合的定義」と「学校教育における定義」があるが、後者は次の通りである。

「学校における進路指導は、在学青少年がみずから、学校教育の各段階における自己と進路に関する探索的・体験的諸活動を通じて自己の生き方と職業の世界への知見を広め、進路に関する発達課題と主体的に取り組む能力、態度等を養い、そ

れによって、自己の人生設計のもとに、進路を選択・実現し、さらに卒業後のキャリアにおいて、自己実現を図ることができるよう、教師が、学校の教育活動全体を通して、体系的、計画的、継続的に指導援助する過程である」

　2005年4月には「日本キャリア教育学会」に改称された。職業指導（教育）や進路指導、キャリア教育はどのように変化したのか、「キャリア」や「キャリア教育」の意味を中心に考えてみる。

　①　キャリアとは

　1）「キャリア（career）」

　一人一人がたどる行路や足跡、経歴、あるいは、特別な訓練を要する職業、職業上の出世や成功、生涯の仕事等を示す用語であるが、日本語では職務(job)や職種（occupation）と同義語になってしまっている。しかし本来の意味では「職業とのかかわりにおける個人の行動」、あるいは「個人が、具体的な職業や職場などの選択・決定をとおして創造していく『個人側のプロセス』」や仕事を経験している「個人」「個人の内面」の意味が含まれている（渡辺 2003）。

　2）「キャリア教育の推進に関する総合的調査研究協力者会議報告書—児童
　　生徒一人一人の勤労観、職業観を育てるために」（平成16年1月28日）

　「キャリア」を「個々人が生涯にわたって遂行する様々な立場や役割の連鎖及びその過程における自己と働くこととの関係付けや価値付けの累積」として捉え、「キャリア教育」を「児童生徒一人一人のキャリア発達を支援し、それぞれにふさわしいキャリアを形成していくために必要な意欲・態度や能力を育てる教育」と捉え、端的には、「児童生徒一人一人の勤労観、職業観を育てる教育」としている。

　②　キャリア教育の方向性

　1）「今後の学校におけるキャリア教育・職業教育の在り方について（答申）」
　　　　　　　　　　　　　　　　　　（平成23年1月31日中央教育審議会）

　「キャリア」に関してある年齢に達すると自然に獲得されるものではなく、子ども・若者の発達の段階や発達課題の達成と深く関わりながら段階を追って発達していくもので、その発達を促すには、外部からの組織的・体系的な働き

かけが不可欠であり、学校教育では、社会人・職業人として自立していくために必要な基盤となる能力や態度を育成することを通じて、一人一人の発達を促していくことが必要であるとしている。

　さらにキャリア教育や職業教育の方向性を考える上での重要な視点として、次の二つを挙げている。

①仕事をすることの意義や、幅広い視点から職業の範囲を考えさせる。

②社会的・職業的自立や社会・職業への円滑な移行に必要な力を明確にする。

　ここで「力に含まれる要素」として「基礎的・基本的な知識・技能」「基礎的・汎用的能力」「論理的思考力・創造力」「意欲・態度及び価値観」「専門的な知識・技能」を挙げ、特に「基礎的・汎用的能力」の具体的な内容として「人間関係形成・社会形成能力」「自己理解・自己管理能力」「課題対応能力」「キャリアプランニング能力」を例示している。

　2）アメリカ・スクールカウンセラー協会（ASCA）の実践

　アメリカ・スクールカウンセラー協会（ASCA）は、子どもたちが労働に対する積極的態度を育て、学校から労働界へ、仕事から仕事へと、生涯にわたるキャリアとして進行していくことを目指して、キャリア的発達を促す能力を段階的に設定し、以下のように特定している（キャンベル、ダヒア 2000）。

　スタンダードＡ：子どもたちは労働界を自己理解と結び付いて調べるスキルと、情報に基づいてキャリアを決めるスキルを身に付ける。そのために必要とされる能力として、①キャリア意識を育てる、②雇用準備能力を開発する。

　スタンダードＢ：子どもたちは将来のキャリアにおける成功と満足を実現するため、いろいろな方策を駆使する。そのために必要とされる能力として、①キャリア情報を獲得する、②キャリア目標を識別する。

　スタンダードＣ：子どもたちは自分の特徴と、教育および訓練と、労働界との間の関係を理解する。そのために必要とされる能力として、①キャリア目標を実現するための知識を身に付ける、②キャリア目標を実現するためにスキルを応用する。

3）キャリア理論の概要

「キャリア」や「キャリア教育」の意味を考えるためにも、代表的なキャリア理論の概要を理解しておくことが緊要である。

特に、スーパー（Super, D.E.）の「キャリア自己概念」やホランド（Holland, J.L.）の「人間と環境の相互作用」、クルンボルツ（Krumboltz, J.D.）の「計画された偶発性」、ジェラット（Gelatt, H.B.）の「積極的不確実性」、シャイン（Schein, E.H.）の「キャリア・アンカー」、シュロスバーグ（Schlossberg, N.K.）の「トランジション」、ホール（Hall, D.T.）の「変幻自在なキャリア」、サニィ・ハンセン（Sunny Hansen）の「統合的生涯設計」等が重要である。

この中でも特にハンセンの統合的生涯設計（ILP：Integrative Life Planning）は重要である。

この概念は人生やキャリア設計への包括的アプローチで、仕事を他の生活上の役割との関係の中で、または人生の中で捉える。生命（体、心、精神）・生活上での役割（愛、学習、労働、余暇、市民生活）・文化（個人、コミュニティ）・性（男女双方にとっての個の充足および結合性）・コミュニティ（地球全体と地域）・考え方（合理的と直感的）・知り方（量的と質的）・個人的なこととキャリア連携などの様々な側面を包含する。グローバルな状況を変化させる仕事、家庭と仕事との間を結ぶ、多元性と包括性を大事にする、個人の転機 transition と組織の変革への対処、精神性 spirituality や人生の目的・意味の探究の六つが課題になる、としている（渡辺 2003）。　　　　　　　　　　**（大野精一）**

〈引用・参考文献〉
大野精一（2006）「進路指導からキャリア教育へ」『学校心理学ガイドブック』第8章2，風間書房
大野精一（1996）『学校教育相談——理論化の試み』ほんの森出版
大野精一（1997）『学校教育相談——具体化の試み』ほんの森出版
大野精一編著（2017）『教師・保育者のための教育相談（カウンセリング）——その考え方と進め方』萌文書林
大野精一他編著（2016）『学校心理学ハンドブック第2版』教育出版
大野精一・藤原忠雄編著（2018）『学校教育相談の理論と実践——学校教育相談の展開史、

隣接領域の動向、実践を踏まえた将来展望』あいり出版

濱口桂一郎（2011）『日本の雇用と労働法』日経文庫

乾彰夫（2000）「（大澤真幸・三上昭彦・佐藤学・児玉洋介・橋本英幸・佐藤洋作・久冨善之・乾彰夫によるシンポジウム）教育の公共性を問いなおす」での発言『季刊 人間と教育』28、民主教育研究所

苅谷剛彦（1991）『学校・職業・選抜の社会学——高卒就職の日本的メカニズム』東京大学出版会

渡辺三枝子編著（2003）『キャリアの心理学——働く人の理解「発達理論と支援への展望」』ナカニシヤ出版

C・キャンベル、C・ダヒア／中野良顕訳（2000）『スクールカウンセリングスタンダード——アメリカのスクールカウンセリングプログラム国家基準』図書文化社

5. 発達障害の児童生徒への支援

(1) はじめに

　2012年に文部科学省が実施した「通常の学級に在籍する発達障害の可能性のある特別な教育的支援を必要とする児童生徒に関する調査」によると、通常学級に在籍し、「知的発達に遅れはないものの学習面又は行動面で著しい困難を示す」とされた発達障害の可能性のある児童生徒の割合は、約6.5％と推定されている。この割合からすると通常学級の中に1～2人の発達障害の可能性のある児童生徒が含まれていることになり、そうした子どもたちへの指導や支援は、インクルーシブ教育システムの構築といった観点から、学校現場の喫緊の課題であると考えられる。

　本節では、発達障害の児童生徒への支援のあり方やその具体的方法について述べる。

(2) 「発達障害」のとらえ方

　人は誰でも発達のアンバランスさを持っている。これは発達障害であろうとなかろうと人間であれば誰しも持ち合わせているものである。しかしながら、発達障害の児童生徒の多くは、弱い部分や苦手な部分だけが目立ってしまい、周囲とのコミュニケーションがうまくいかずに孤立し、その結果不登校等の二次的問題を引き起こしてしまうことが少なくない。その一方で、自ら発達障害であることを公表している有名人は多くいるが、それらの人に共通しているのは得意な部分、強い部分を生かして世の中で活躍しているということである。

　発達障害に限ったことではないが、「障害」はそれを持ち合わせていることですべてが否定されるものではなく、そのことが原因となって社会的に不適応

を起こして初めて「障害」となるのである。

さらに世界的にも発達障害に関して大きな変化が見られている。2013年にアメリカ精神医学会が「Diagnostic statistical manual of mental disorders 5th edition（精神疾患の診断と統計のためのマニュアル 第5版）」を作成した。この中で、学習障害を例に取るとそれまでは「Learning Disabilities（学習障害）」であったものが、「Specific Learning Disorder（特異的学習障害）」となっている。「Specific」についての解説は割愛するが、それ以外に大きく変わった点は「Disability」から「Disorder」に変更になった点である。「Disability」は日本語訳すれば「能力がない」となり、いつまでたってもできないということを示す。それに対して「Disorder」は「順調ではない」ということになり、すべてではないにせよ順調ではないので、いずれ身につくこともあるということになる。このことから分かる通り、発達障害であるから「できない」と決めつけるのではなく、困っていることやできない原因や理由をつきとめて、できることを増やすという考え方のもと、支援や指導に当たることが重要なのである。

⑶ 発達障害の児童生徒の支援に当たって

発達障害の児童生徒の支援に当たって、一番大切にしたいことは「子どもを正しく理解する」ということである。個人的な思い込みや決めつけによるものではなく、本当の子どもの姿を理解するということである。

子どもを正しく理解するために必要なことは、子どもを「立体的」に見るということである。

例えば子どもを正面から見ると、顔の表情はしっかりと見ることができるが、後頭部や背中は見ることができない。これと同じで、ふだん子どものことをしっかりと把握しているつもりでも、実は一つの側面を見ているに過ぎないのである。このため、子どものいろいろな側面から分かる情報を集約し、子どもの真の姿を浮き彫りにする必要がある。

この真の姿を浮き彫りにし、子どもを正しく理解することために必要なのが、

心理教育アセスメントである。心理教育アセスメントでは、以下のような子ども
もの情報を収集する。

【心理教育アセスメント】
1．基本的な情報の収集
　　子どもがどのようなことに困っているのか、どのような教育的ニーズがあ
　るのかといった基本的な情報を収集する。方法としては、保護者や本人との
　面談やその子どもの日常の行動観察、その子どもに関わっている他の先生等
　からの情報収集などがある。
2．特性把握
　　子どものもっている特性を客観的データに基づき、把握する。方法としては、
　田中・ビネー、K-ABCⅡ、WISC-Ⅳ等の知能検査を用いる。
3．学力把握
　　学習が学年相応の理解ができているのか、遅れているのであればどこまで
　理解できているのかを把握する。
4．身体・運動面の特性把握
　　身体的特性を把握するとともに、はさみを使う、靴ひもを結ぶなどといっ
　た手先の器用さについて把握する。
5．生活行動面の特性把握
　　学校生活の様子や友人関係、気持ちのコントロール等について把握する。

　これらの情報以外に、可能であれば、保護者や専門機関等から成育歴や療育
に関する情報を収集する。しかしながらこれらの情報は保護者や本人にとって
非常にデリケートな問題を含んでいるため、学校の関係者が無理に聞き取りを
すると関係を悪化させる危険性がある。あせらずに、まずは保護者や本人との
信頼関係を構築することに力を入れて、支援や指導に当たることが重要である。

⑷　WISC-Ⅳの指標のプロフィールパターンによる特性把握と支援方法

　心理教育アセスメントの項でもふれたが、子どもの特性を客観的に把握する
ために用いられるのが知能検査である。様々な知能検査があるが、ここでは世

界的に広く用いられているウェクスラー式知能検査のうち適用年齢が5歳から17歳未満のWISC-Ⅳを取り上げる。

WISC-Ⅳの下位検査は、本検査10種類と予備検査5種類で構成されていて、本検査10種類と予備検査のうち「絵の抹消」（様々な絵が描かれている中から動物だけを選んで斜線を引く、といった検査）と「算数」を実施することが推奨されている。検査にかかる時間は個人差があるが60分程度で、検査は専門性を持った人間が行うこととされている。

WISC-Ⅳでは、全検査IQ（FSIQ）といわれる全体的な知能指数値と「言語理解」「知覚推理」「ワーキングメモリー」「処理速度」の「指標」間のバランスを見ることによって、子どもの特性を知ることができるようになっている。全体的な知能指数値が落ち込んでいる場合、学習面や生活面で困難さを多く抱えるが、四つの指標のばらつきが顕著な場合にも様々な困難さを抱えることになる。ここでは、四つの指標とはどのような力で、その力の落ち込みがある場合にはどのような困難さを抱え、支援はどのように行うのかについて述べる。

まず「言語理解」の力は、言葉を理解する力だが、特に長い説明や複雑な説明を聞いて理解したり、逆に自分の考えたことを言葉で表現したりする力である。この力の落ち込みがある場合に、基本的な困難さとして、「相手の話している言葉の意味を理解する」「頭で考えたことを言葉で表現する」「言葉で頭の中で考える」のように、「言葉」が関係すると途端にできないことが多くなるということが挙げられる。このタイプの児童生徒は、言葉のやり取りが直接的な小学校の低学年のうちは何とか友達とコミュニケーションを取ることができるが、会話の質や量が飛躍的に伸びる中学年以降になると友達との会話についていくことができなくなり、授業中の先生の説明の理解も難しくなり、孤立しがちになってくる。こうしたタイプの児童生徒への支援では、言葉のみによる説明は避け、具体物を提示しながら、簡潔で易しい表現を用いた説明を心がけることが大切になってくる。また、口頭での指示の理解が不十分で、勘違いをしたり忘れてしまったりすることもあるため、メモを取らせるように配慮することも必要となる。

次に「知覚推理」の力は、学習面でいうと図形を認識する力である。また、生活面では、人間は人と話をしているときに何も考えずに聞くということはまずなく、相手の言っていることを頭の中でイメージしながら聞くが、このイメージする力ということになる。この力が落ち込んでいる場合、基本的な困難さとして、相手の表情を見て気持ちを推察したり、場の空気を読むといったことが挙げられる。このタイプの児童生徒はクラス内でトラブルメーカーであることが多く、「困った存在」になりがちだが、実は本人もなぜ相手が怒るのかが理解できずに「困っている」のである。こうしたタイプの児童生徒の支援で必要となってくるのは、トラブル後の「振り返り」である。トラブルの原因を挙げて叱責したり、そうならないための方法を教え込むのではなく、なぜトラブルになってしまったのかを自分の言葉で振り返らせ、気づかせることが大切なのである。人から教え込まれたものはなかなか定着しないが、自分自身で気がついたことは定着が早いのである。このように振り返りを行い、「気づき」を引き出すことで行動の「引き出し」が増え、同じようなトラブルを未然に防ぐことができるようになるのである。

　次に「ワーキングメモリー」の力は、耳から入ってくる情報を短期的に覚えておく力で、ごくごく簡単に言うと「集中力」ということになる。この力が落ち込んでいる場合、基本的な困難さとしては注意力の散漫さや集中力の欠如が挙げられる。このタイプの児童生徒は、聞き間違いや聞き漏らしが多く、また忘れ物もよくしてしまう。これらのことは、ワーキングメモリーの容量に関係がある。同じ量の情報を注ぎ込んだ場合、平均的なワーキングメモリーの力を備えている場合には、その情報を溜め込んでおくことができ、必要に応じてその情報を取り出すことが可能であるが、ワーキングメモリーの力に落ち込みがある場合には、溜めておくことができずに情報があふれ出てしまうため、必要な情報を取り出すことができない。

　こうしたタイプの児童生徒への支援としては、集中できているかどうか声をかけながら説明等を進めるようにする必要がある。また、ワーキングメモリーの容量の少なさをカバーするために、メモを取る指導もあわせて行うことも大

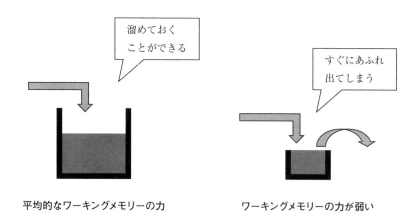

平均的なワーキングメモリーの力　　　　ワーキングメモリーの力が弱い

切である。

　最後の「処理速度」の力は、目で見てそれを短期的に記憶して手に伝えていく事務処理的な力で、学校生活場面でいえば板書を写す力である。この力が落ち込んでいる場合の基本的な困難さは、物事をスムーズに処理できないというところにある。このため、この力の落ち込んでいる児童生徒は板書を写し終えることができなかったり、時間内に課題が終了しないなど、周囲の児童生徒と行動をともにしたりペースを合わせることに困難さを抱えることが多くある。こうしたタイプの児童生徒に対する支援としては、まず気をつけなければならないことは、「焦らせない」ということである。例として、いつもは自転車を使って10分ほどの道のりを通勤している人が、自転車がパンクしてしまって使えない場合について考えてみる。いつもと同じように10分で着くように走る人はまれで、いつもより早く家を出ることを考える人がほとんどである。このように、こうしたタイプの児童生徒は過程を急がせても早くなるものではなく、他の児童生徒より早く始めさせるなどその児童生徒のペースに合わせた時間を十分に確保してあげる必要がある。

　さらにこのタイプの児童生徒の多くが、小さい字を読んだり書いたりするこ

とを嫌がる。これは目で字を追う力が弱いためで、むりやり他の児童生徒に合わせるようなことはせずに、拡大コピーしたプリントを与える、大きな升目で書き取りをさせる等の配慮で意欲的に取り組むことができるようになる。

⑸　発達障害の児童生徒への接し方

　発達障害の児童生徒に接するときに、注意したい点が２点ある。

　１点目は、声をかけたり指示を出したりするときに、抽象的な表現は避け、具体的で分かりやすくするということである。大人にとっては簡単に理解できることでも、発達障害の児童生徒にとっては抽象的な表現はとても難解なもので、どうしたらよいのか戸惑い、固まってしまうことが多くある。言い換えの例を以下に示す。

> ちょっと待ってて　⇒　あと５分間待ってて
> 本を片付けなさい　⇒　本を本棚にしまってください
> 集中しなさい　⇒　先生を見てください
> すごいね！　⇒　○○ができるようになったんだ！

　指示を出して行動に移さないことを「反抗的」ととらえて叱るのではなく、出した指示が抽象的で分かりにくいものではなかったか振り返り、具体的で分かりやすい表現に言い換えることで、発達障害の児童生徒は指示に従いやすくなるのである。

　２点目は、否定的な声かけをしないということである。発達障害の児童生徒の口癖に「どうせ僕（私）でしょ」というものがある。これは、何かトラブルがあったときに事の成り行きをうまく説明することができずに、否定されることが多く、いくら説明しても分かってもらえない、何を言っても悪いのはどうせ僕（私）なんでしょ、というところからきている。発達障害の児童生徒は、できないことや理解できないことが周囲の生徒に比べて多くあり、その結果否定的な声をかけられることが多くなり、自己有能感が低くなってしまっていることがよく見られる。もちろん注意をしてはいけないということではなく、い

けないことはいけないと指導することも必要である。そうした場面でも極力否定的な言葉を使わない指導を心がけることで、発達障害の児童生徒の自己有能感を引き上げることができるのである。以下に言い換えの例を示す。

廊下を走ってはダメ！	⇒	廊下は歩こうね。
危ないからダメ！	⇒	先生、怪我が心配だな。
（失敗してしまった子に対して）ほら、だから言ったでしょ！	⇒	どうすれば良かったんだっけ？
コラッ！	⇒	先生の堪忍袋は全部で三つあります。今、二つ目が爆発しました。残りはあと1個です。

　否定的な言い方ではなく、肯定的な言い方で注意を促し、指示に従うことができた場合にはほめる、常に「ほめる」で終わることができるような指導を行うことで、発達障害の児童生徒の自己有能感を高めることができるだけではなく、児童生徒の教師に対しての信頼感が高まり、良いコミュニケーションを構築することができるようになるのである。

(6) おわりに

　発達障害の児童生徒の支援や指導に当たって、専門的な知識や手法が必要となる場面はそう多くはない。教師がふだんから行っている教材研究のように、ひと手間を加えることで、発達障害の児童生徒が抱える「苦手」が少しずつ解消するのである。

　発達障害の児童生徒の周囲には、いわゆる専門家が存在する。医療の分野であればドクター、心理の分野であれば心理士、そして教育の分野には教師がいる。教育のプロとしての教師の尽力こそが、発達障害の児童生徒の「笑顔」を生み出すのだと私は思っている。

（岩澤一美）

〈参考文献〉

文部科学省（2012）「通常の学級に在籍する発達障害の可能性のある特別な教育的支援を必要
　とする児童生徒に関する調査結果について」

阿部利彦・岩澤一美（2019）『"これだけは知っておきたい"発達が気になる児童・生徒の理
　解と指導・支援』金子書房

6. カウンセリング・マインドの必要性

(1) はじめに

　「カウンセリング・マインド」という用語ほど、誤解・混乱を招いた言葉はない。このことは、実践現場でも学術分野でも同じである。それにもかかわらず、この用語は教育界を見る間に席巻したのである。なぜか。用語そのものは曖昧であっても、カウンセリングという言葉を使っても、その意味するところは学校という教育現場では欠けがちな教師の姿勢や態度を示唆するものであったからである。

　この用語そのものの使用は小泉英二（元都立教育研究所相談部長）が嚆矢と思われるが（小泉 1989）、その後，尾崎勝・西君子（元東京都公立学校校長）が体系的に使っている。例えば、①児童・生徒の成長への可能性を信頼し，畏敬の念をもつ、②人間として対等の関係を実感し、心のひびき合いをもつ、③児童・生徒の考え方・感じ方をありのままに受けとめ、共感的に理解しようとする、④教え与えることに性急にならず、自分で学ぼうとする構えを大切にする、⑤知的側面だけでなく、情緒的側面へのかかわりを大切にしていく、⑥児童・生徒を先入観や固定的な考えで見ないで、新鮮な目で柔軟に見ていく、⑦児童・生徒とともに考え、歩もうとする、⑧児童・生徒の自尊心を大切にし、追い立てないで待てる、⑨共感的理解と訓育的指導とを統合していく、というものである（尾崎・西 1984）。

　これはこれで決して評価しないわけではないが、学校教育との関連で教育相談（カウンセリング）それ自体の吟味（取捨選択や独自の構成）が十分行われないままに，教師という主体の抽象的な活動指針（基本姿勢）とされたりしたにすぎないように思われる（大野 1997a）。今後の課題は、心理臨床分野での教

育相談（カウンセリング）、特に相談面接について学校教育との関連で必要な取捨選択や独自の構成をすることである。

　本稿は免許更新にかかわってそのミニマムエッセンシャルズ（基本的な考え方や視点、方向性等）の一例を示すものである。

⑵　カウンセリング・マインドを活かした相談面接

①　知る・わかる・できる・実践するということ

　学校現場では児童・生徒との相談面接が欠かせない。そのためには、まず相談面接の基本を「知る」ことが重要である。ただし「知る」だけでは自分のものにはならないので、「自分のものとしてわかる」という納得のプロセスを踏まえる必要がある。「深い理解」とはこの意味である。さらに教師という実践家は実際に相談面接を「実現できる」（実際に行える）必要があるのだから、知り・わかったことを、トレーニング等により「できる」ようにならなければならない。そしてこれを教師という専門職の立場から適時適切に実践するのである。

②　インタビュー（interview）としての相談面接

　相談面接というと抽象的であるが、これをインタビューとして構成すればわかりやすい。インタビューの基本は下記の通りである。

・クローズドな質問（YESかNOで答えられる）からオープンな質問（どう思いますか・どのように感じていますか）へ
・周辺的な質問から内面的な質問へ
・一般論から具体的な問題・課題へ
・聞くことからその確認へ
・現時点での思いや気持ちに徐々に焦点化する
・過去から現在、そして未来へと質問を発展させる

③　声をよく聴く（聞く）

　人の話をよく聴く（聞く）ということは、「音」として並びに「言語内容」として「話を聴く」ことである。そのためには、相手は、今・ここで何を話しているのか（内容）について万遍なく注意を振り向けて聞く。例えば、子ども

たちや保護者の方々の見方や思いを否定せずそのまま聞く。

　「聞く（hear、listen）」だけではなく、わからないところは当然率直に「訊く・尋ねる（question、ask）というよりも関心を持つ（concern）」ことになる。

　さらに「音声（音）」として、周辺言語や非言語表現に注目し、今、ここで話をしながらどんな気持ちでいるのかを理解する。例えば、音声（音）としての「こえ」の上に乗っている感情に注目する。

　ここでいう周辺言語や非言語表現とは以下のことである（佐藤綾子 1995及び1996による）。

　言語表現とはどのような言葉を選択し、使ったかであるが、周辺言語あるいはパラ言語の問題では、声の抑揚・音色・速度・制御・強度・高さ・幅等の音としての特性が問題になる。一方、非言語表現とは、アイコンタクトを中心とする顔の表情、姿勢（ポスチャー）や体の動き（ジェスチャー）を中心にした身体表現、対人距離（パーソナル・スペース）を中心にした空間表現、服装などの色彩表現、スーツ・持ち物・装身具等のモノによる表現、そして長さや間を中心にしたタイム＆タイミング（時間の使い方）などである。

　また、当然にも相談面接は相互的・双方向的なコミュニケーション であるので、「こたえる」ことになるが、その際に「答える（answer）のか」あるいは「応える（response）のか」ということに敏感になる必要がある。

　児童・生徒から算数や数学の公式を聞かれれば（ask）、当然に答えをこたえる（answer）が、これからどう生きていったらいいのかという問いかけには当面考えながら対話を進めるために応えて（response）いくしかないからである。

　総じてここで意識しなければならないことは、「もし私が目の前にいる人と同じような状況や立場であったとしたら、どう感じるだろうか？」ではない。これでは感じているのは「この私」しかない。重要なことは、「もし私が目の前にいる人であったとしたら、どう感じるだろうか？」である。こうして初めて感じているのは「あたかもその人であるかのような私」となる。このことこそ共感（empathy）（Rogers 1957）の中核なのである。

⑶　プロセスとしての相談面接

　次の図は、ウェーラーとレノックスが提唱したカウンセリング・プロセスの概念モデル（Waehler／Lenox 1994）の一部を、大野がアレンジしたものである。

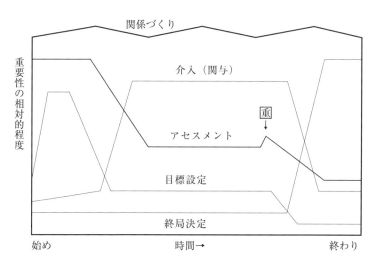

重要性の相対的程度や時間の軸の長さは、カウンセリング・プロセスの状況、流れ、相互作用によって変わる。

カウンセリング・プロセスの概念モデル

　日常的に児童・生徒や保護者の方々と行う教師の相談面接は文字通り「真剣勝負」の感がある。信頼は一瞬のうちに崩れ去る危険がある。そこで相談面接が円滑に遂行できるようにそのプロセスを概念化したものである。

　従来の相談面接モデルは、「一つの切り離された段階から次の段階への線形的な様式」「継起的な段階論」と称される段階論モデルとして構成され、「始めのコンタクト→問題のアセスメントまたは再アセスメント→変化への努力や抵抗→終結」「関係づくり→アセスメント→目標設定→介入（関与）→終結とフォローアップ」「関係づくり→探索と理解→方針決定→実施→終結とフォローアップ」「問題の定義→目標への発展→行動」「参加→探索→理解→行動→

終結」などがあった。

　しかしながら相談面接は段階的に区分された一つの機能に特化された活動だけを行うことはできないし、仮にできたとしても次の段階への移行のためにすべきことが出てくるのである。

　このモデルの最大の特色は，関係づくり（Relationship）、アセスメント［査定・評価］（Assessment）、介入［関与］（Intervention）、目標設定（Goal Setting）および終結決定（Termination）という相談面接の重要なファクターを、連続する直線上に段階的に位置付ける（Stage）のではなく、時間軸に沿ってその相対的な重要度で示したこと、だから、これら重要なファクターは、程度の差はあっても面接の全過程（プロセス）において同時的に（Concurrent）機能することを明示したことである。

　特に図中にあって、関係づくりは、単に初期のエピソードではなく、一貫して全プロセスでもっとも重要であることが示されている。初期のアセスメントが重要であることは目標設定との関連で当然であるが、さらに終結に至るまで中位の位置を占め、終結決定に大きく寄与する等、アセスメントの不可避性・重要性が強調されている。

　また介入（関与）は前半ではアセスメントと目標設定に、後半ではアセスメントと終結決定に、それぞれ即して行われる等、介入のコントロール性が再確認されている。そして，当然始めから終結決定があり（自分が担当するよりも、他に委託し、終結した方がいいのではないか等）、そして、最終期において設定された目標や実際の介入等のアセスメントをしながら、終結の決定がなされるが、しかし、関係づくり（関係性）はここでも最上位で継続し、次回へのつながりを展望していることが見て取れるのである。

　カウンセリング・マインドという立論で曖昧なままに残されてきたのは、相談面接（カウンセリング）に関して学校教育との関連で必要な取捨選択を行い、教師の行う相談面接として独自の構成をすることであった。ここでは必要最小限の基礎的な考え方や視点、方向性等しか示すことができなかったので、本稿

作成にあたり常に参照した以下の文献をお読みいただき、さらに理解を深められんことを期待している。　　　　　　　　　　　　　　　（大野精一）

〈引用・参考文献〉
大野精一（1996）『学校教育相談──理論化の試み』ほんの森出版
大野精一（1997a）「学校教育相談の実践的な体系について」『広島大学教育実践総合センター・いじめ防止教育実践研究 2』
大野精一（1997b）『学校教育相談──具体化の試み』ほんの森出版
大野精一他編著（2016）『学校心理学ハンドブック　第2版』教育出版
大野精一編著（2017）『教師・保育者のための教育相談（カウンセリング）──その考え方と進め方』萌文書林
大野精一・藤原忠雄編著（2018）『学校教育相談の理論と実践──学校教育相談の展開史、隣接領域の動向、実践を踏まえた将来展望』あいり出版
小泉英二（1989）「『カウンセリング・マインド』の意味」『月刊学校教育相談』，10月号，学事出版
尾崎勝・西君子（1984）『カウンセリング・マインド──子どもの可能性をひき出す教師の基本姿勢』教育出版
佐藤綾子（1995）『自分をどう表現するか──パフォーマンス学入門』講談社現代新書
佐藤綾子（1996）『教師のパフォーマンス学入門──もっと本気で自分を表現しよう！』金子書房
Rogers, C.（1957）The necessary and sufficient conditions of therapeutic personality change. *Journal of Consulting Psychology*, 21
Charles A. Waehler and Richard A. Lenox（1994），A Concurrent（Versus Stage）Model for Conceptualizing and Representing　the Counseling Process, Journal of Counseling & Development, vol.73, no.1

第 **2** 章
選択必修領域

第 **1** 節

学校をめぐる近年の状況の変化
──「教育の不易流行」という流行

　趙の都の邯鄲で盧生という青年が道士（仙人）から「夢が叶う枕」を授かった。以来五十有余年、波瀾万丈、紆余曲折はあるものの栄耀栄華を極め、静かに死んでいく、と思いきや、「枕」をもらってからほんのわずかの間のうたた寝の夢だった、という物語。日本には「邯鄲の枕」とか「邯鄲の夢」と伝わっているが、唐の歴史家・小説家の沈既済の『枕中記』の一節である。「人の世の栄枯盛衰は儚い」という意味で使われる。確かに、私も齢五十有余年だが、これまでの人生を振り返ると、ひとときの「うたた寝」のような気もする。それほど月日の流れは早く、世の移ろいは激しいということだろう。「諸行無常」である。

⑴　教育の不易流行とは

　「諸行無常」とは「世の中の一切のものは常に変化し生滅して、永久不変なものはないということ」（小学館『デジタル大辞泉』）である。「永久不変なものはない」に対して「不易流行」という言葉がある。教育の世界ではここ数年、いやここ数十年、よく耳にする。というより「耳にタコ」と言ったほうがいいかもしれない。この「流行」のはじまりは、いまから三十年以上前の臨時教育審議会の以下の文言からだ。

　　「人間の文化と社会は、無常なるもの（万物が生滅して、定まりがないこと）、
　　変転きわまりないもののようではあるが、深く洞察してみると、そこには、①時
　　代をこえて変わらないものと、②時代とともに変化していくものとがあり、しか

もこの両面は複雑に、分かち難く結びついていることを認識させられるのである。このことを芭蕉は『不易』と『流行』と表現したが、教育の本質もまた常にこの不易と流行の両面を統一するものとしてとらえなければならないであろう」（臨時教育審議会 1986）。

　最近でも（とは言っても二十年以上前）、中央教育審議会「21世紀を展望した我が国の教育の在り方について　第一次答申」（1996年）では、「教育においては、どんなに社会が変化しようとも、『時代を超えて変わらない価値のあるもの』（不易）がある。（中略）教育は、同時に社会の変化に無関心であってはならない。『時代の変化とともに変えていく必要があるもの』（流行）に柔軟に対応していくこともまた、教育に課せられた課題である。」と述べている。「不易」として「豊かな人間性、正義感や公正さを重んじる心、自らを律しつつ、他人と協調し、他人を思いやる心、人権を尊重する心、自然を愛する心」とともに「その国の言語、その国の歴史や伝統、文化」が挙げられている。「流行」としては「国際化」「情報化」が示されている。

　本節の主題は「学校をめぐる近年の状況の変化」なので、いったん「不易」については棚上げにし、「流行」「変化」について見ていくことにしよう。

　ここで注目すべきは、二十年以上前の中教審で「流行」として掲げられていた「国際化」「情報化」は、三十年以上前の臨教審でもすでに登場しているということだ。それどころか「情報化」は1960年代から指摘されているし、「国際化」にいたっては明治時代でも、安土桃山時代でも、そう言えないことはないだろう。もちろん2018年に閣議決定された第3期教育振興基本計画にも、2020年からの学習指導要領にも「国際化」「情報化」に関連することは盛り込まれている（例えば、グローバルに活躍する人材の育成、ICT利活用のための基盤の整備、小学校からの外国語、プログラミング教育等々）。こう考えると、もはや「国際化」「情報化」は「流行」の域から「不易」の域に達しているということだろうか。それとも別の角度から考える必要があるのだろうか。

　現在の「国際化」「情報化」と「昔」の「国際化」「情報化」は、質的にも量的にも違うし、それこそ「変化」しているから、という見方もできるだろう。

確かに、明治時代と現在の「国際化」は明らかに異質だし、三十年前と現在の「情報化」も大きな差異がある。つまり概念としては古くからあるが、質的量的変化があるものを「流行」と呼ぶのだろうか。とすると、ちょっと厄介なことになる。「豊かな人間性、正義感や公正さを重んじる心、自らを律しつつ、他人と協調し、他人を思いやる心、人権を尊重する心、自然を愛する心」や「その国の言語、その国の歴史や伝統、文化」はどうだろう。時代によって「質的量的変化」がないと言い切れるだろうか。例えば戦前は「人間性、正義感や公正さ」の判断基準は「天皇制」や「戦争」であったはずだ（少なくとも公的には）。私たちの先輩（すべてではないにしても）は学校で「天皇のために死ぬこと」を教え続けた。与謝野晶子は

　　親は刃をにぎらせて
　　人を殺せとをしへしや、
　　人を殺して死ねよとて
　　二十四までをそだてしや。

と歌った。1945年以前に現在と同じ「人権を尊重する心」を学校で育むことができたであろうか。安土桃山時代のことではない。たった七十数年前のことである。「言語」「歴史」「伝統」「文化」も同様だ。これらはすべて時代によって「変化」する。現在の「日本語」は明治初期につくられたものだし、その後も変化し続けている。歴史の教科書の内容も変わり続けている。聖徳太子は厩戸皇子になり、足利尊氏だと思っていた肖像画はただの騎馬武者になった。「夫婦同姓」も明治になってから制度化されたし、「江戸しぐさ」にいたっては昭和の終わりに「創作」されたものだった。

　厳密に「深く洞察してみると」「時代をこえて変わらないもの（時代を超えて変わらない価値のあるもの）」はないということになってしまう。そもそも松尾芭蕉は、「不易」の根本は「流行」（変化/新規性/変革）にこそあると言っていると私は解釈している（本当は芭蕉ではなく弟子の去来ら）。つまり「変わること（無常）」が「変わらない（本質）」、そう「諸行無常」の言い換えとまでは言わないが、中世的な「無常観」の転換（それもかなりポジティブな）

だったと思っている。

　ただ、教育における「不易」的なること／「普遍」的なることを否定しているわけではない。私は、個人的に「いのちの大切さ」は「不易」的／「普遍」的であると考えている。しかし、「いのちの大切さ」も「時代を超えて変わらないもの（時代を超えて変わらない価値のあるもの）」という定義では「人間性、正義感や公正さ」と同様に矛盾を孕んでしまう。実は「時代をこえて変わらないもの（時代を超えて変わらない価値のあるもの）」という安直な言い回しこそに問題がある。「時代をこえて」の「時代」は当然「過去」も含む。「過去」（実は現在も。このことは後述する）において、この国でも世界のどこでも「いのちの大切さ」が「不易」／「普遍」であったことはないだろう。私が「いのちの大切さ」が「不易」的／「普遍」的であると考えるのは、現在を含めた未来への願望だ。「現在」の私たちの価値観で「未来」において「変わるべきではないこと」という意味である。

　私たちは、教室で、家庭で、書籍で、繰り返し「いのちの大切さ」を子どもたちに語っている。しかし、この国に限定しても未だ「不易」／「普遍」には至っていない。日本国憲法で平和主義を掲げているものの実質的に戦争・紛争で「人を殺すこと」を否定してはいないし、いまも小学校の真上を低空で軍用機が飛んでいる。死刑という極刑も存続している。アムネスティ・インターナショナルによると死刑のない国142カ国、死刑のある国は日本を含め56カ国だ。「いじめ」「虐待」「ハラスメント」「体罰」はあとを絶たない。それでも、だからこそ、私たちは「いのちの大切さ」が「不易」／「普遍」となるように子どもたちに語り続ける。

⑵　「流行」から「不易」へ

　長い人類の歴史では、あるいは短い学校教育の歴史においてすら「いのちの大切さ」は未だ「流行」（変化/新規性/変革）の域を出ていない。他方、昨今の「流行」と見られているのが「アクティブラーニング」「キャリア教育」「カリキュラム・マネジメント」だろう。

2020年度以降の学習指導要領では「主体的・対話的で深い学び」と言い換えられている「アクティブラーニング」は別項で詳述したが若干補足をしておこう。これも「国際化」「情報化」と同じく、今に始まったことではない。1947年の教育基本法の第1条に「自主的精神」、第2条に「自発的精神」「自他の敬愛と協力」、同年の学校教育法の第18条に「人間相互の関係について、正しい理解と協同、自主及び自律の精神を養うこと」という文言が見える。また同じ年に文部省（当時）から発行された「あたらしい憲法のはなし」には民主主義の説明として「みんなが十分にじぶんの考えをはなしあったあとで、おゝぜいの意見で物事をきめてゆくのが、いちばんまちがいがないということになります」と書かれている。ただ1890年の教育勅語には「一旦緩急アレハ義勇公ニ奉シ以テ天壌無窮ノ皇運ヲ扶翼スヘシ」とともに「進テ公益ヲ廣メ世務ヲ開キ」とも書かれている。これは「自ら進んで（自主的/主体的に）世の中のために尽くす」とも読めなくもない。フランスの哲学者ミシェル・フーコーは『監獄の誕生──監視と処罰』のなかで「パノプティコン（一望監視施設）」から監視される（見られる）ことによって自ら（「進んで」、ある意味「主体的」に）規律に従う囚人の姿を描いている。近代の学校も、軍隊や工場と同じく監獄と同様のシステムを備えている。「主体的・対話的で深い学び」も権力側から発せられている以上、手放しで鵜呑みにするのではなく、注意深くクリティカル（批判的）に考える必要がありそうだ。

　1999年の中教審「初等中等教育と高等教育との接続の改善について」において登場した「キャリア教育」も「進路指導」を「ほぼ同じ」（中央教育審議会 2011）としているということなので、先に述べた「国際化」「情報化」と同様に、古くからある概念だが「質的量的変化」がある教育テーマということだろう。これも別項で詳説しているので、ここでは「いのちの大切さ」との関連で述べる。前掲中教審（2011）や文部科学省『キャリア教育の手引き』（2011）では「生きる力」とともに「幸福な人生」「自分の将来を考える」「生き様」「自分らしい生き方」という言葉が使われている。「キャリア教育」は、上級学校への進学指導や特定の職種・企業への就職指導、さらに「職業観・勤労観」の育成、

「社会的・職業的自立」にとどまらず、すべての教科・学習活動と連動するとともに「いのちの大切さ」を根幹とする教育・学習にすることが「不易」／「普遍」へとつながっていくはずだ。

　最後に「カリキュラム・マネジメント」だが、2020年度以降の学習指導要領には「各学校においては、児童や学校、地域の実態を適切に把握し、教育の目的や目標の実現に必要な教育の内容等を教科等横断的な視点で組み立てていくこと、教育課程の実施状況を評価してその改善を図っていくこと、教育課程の実施に必要な人的又は物的な体制を確保するとともにその改善を図っていくことなどを通して教育課程に基づき組織的かつ計画的に各学校の教育活動の質の向上を図っていくこと（以下「カリキュラム・マネジメント」という。）に努めるものとする」と書かれている。ちょっと分かりにくい文章なので、細かく見ていくことにしよう。まず誤解を恐れず、上の文言を思い切って短くすると「学校が教育課程に基づき教育活動の質の向上を図る」ということになる。ではどのように「カリキュラム・マネジメント（教育課程に基づき教育活動の質の向上を図る）」をすればいいのだろうか。それが「児童や学校、地域の実態を適切に把握し（中略）その改善を図っていくことなどを通して」の部分だ。重複するところもあるが、分かりやすくするために文部科学省の補足説明を見てみよう。「学校全体として、教育内容や時間の適切な配分、必要な人的・物的体制の確保、実施状況に基づく改善などを通して」「各教科等の教育内容を相互の関係で捉え、学校の教育目標を踏まえた教科横断的な視点で、その目標の達成に必要な教育の内容を組織的に配列していく」「教育内容の質の向上に向けて、子供たちの姿や地域の現状等に関する調査や各種データ等に基づき、教育課程を編成し、実施し、評価して改善を図る一連のPDCAサイクルを確立する」「教育内容と、教育活動に必要な人的・物的資源等を、地域等の外部の資源も含めて活用しながら効果的に組み合わせる」（文部科学省 2017）。これも誤解を恐れず簡略化すると「様々な方法・資源を用いて組織的かつ計画的に」「カリキュラム・マネジメント」を実施するということになる。「カリキュラム・マネジメント」は「学校が教育課程に基づき教育活動の質の向上を図る」

ということだ。ということは、これももともと教育課程を編成するのは学校（校長）なので、本質的には新しいことではない。新しくなったのは（あるいは新たに規定されたのは）、その「方法（やり方）」ということになる。この構造は、「アクティブラーニング」「キャリア教育」、さらには「国際化」「情報化」と同じである。つまり、「人間性」や「伝統」など「時代を超えて変わらないもの（時代を超えて変わらない価値のあるもの）」と「国際化」や「情報化」など「時代とともに変化していくもの（時代の変化とともに変えていく必要があるもの）」という具合に厳然と二分化されるわけではなく、古くからある概念が、その時々の社会状況によって変化するということのようだ。

　教育の不易流行は、変わることを促すために登場したマジックワードだった。現在では、変わることを拒む「言い訳」に使われることも少なくない。私たちの人生は「うたた寝」のように短いものかもしれない。しかし、その短い間にも変容・変化がある。「教育の不易流行」はいまや流行遅れなのかもしれない。

（天野一哉）

〈引用・参考文献〉
臨時教育審議会（1986）「教育改革に関する第二次答申」
中央教育審議会（2011）「今後の学校におけるキャリア教育・職業教育の在り方について(答申)」
文部科学省（2011）『キャリア教育の手引き』
文部科学省（2017）「新しい学習指導要領の考え方－中央教育審議会における議論から改訂そして実施へ－」
ミシェル・フーコー著／田村俶訳（1977）『監獄の誕生——監視と処罰』新潮社

第 **2** 節

学習指導要領改訂の動向等

(1) はじめに

　学習指導要領が大幅に改訂されることになった。新学習指導要領の全面実施時期は、幼稚園が2018年度、小学校が2020年度、中学校が2021年度、高等学校が2022年度からである。この新しい学習指導要領の方向性を決めたのが、2016年12月21日に出された中央審議会答申「幼稚園、小学校、中学校、高等学校及び特別支援学校の学習指導要領等の改善及び必要な方策等について」（以下、答申と記述）である。答申を簡潔にまとめた【概要】も発表されている。

　本稿ではこの答申において記述されていることを中心に、学習指導要領がその答申を受けてどのような特色をもっているのかも論じていきたい。

(2) 答申の概略

① 答申のねらい

　答申は、「我が国の近代学校制度は、明治期に公布された学制に始まり、およそ70年を経て、昭和22年には現代学校制度の根幹を定める学校教育法が制定された。今また、それから更に70年が経とうとしている」という文章から始まる。確かに明治期の学制、戦後における教育改革は日本の教育制度を大きく変化させた。今日の社会的状況を見ると、それらに匹敵するような制度変革の時期であるように思われる。答申にも述べられているように、グローバル化と急速な情報化や技術革新は、われわれに新たな局面を提示している。この変

革に対応できる教育改革を断行しないと、社会の変化に教育は併走できなくなってしまう。

　では、どのようなコンセプトを答申は打ち出しているのであろうか。答申では「学校を変化する社会の中に位置付け、学校教育の中核となる教育課程について、よりよい学校教育を通じてよりよい社会を創るという目標を学校と社会とが共有し、それぞれの学校において、必要な教育内容をどのように学び、どのような資質・能力を身に付けられるようにするのかを明確にしながら、社会との連携・協働によりその実現を図っていくという『社会に開かれた教育課程』を目指すべき理念として位置付け」ている。

　ここでは「社会に開かれた教育課程」という言葉がキーワードになろう。もはや「閉ざされた教育課程」では、大きく変化する社会と問題が山積した教育現場の状況に対応できないのは自明である。この「社会に開かれた教育課程」の在り方としての基準が学習指導要領である。学習指導要領の果たす役目は、全国の教育水準の確保という意味と指導要領によって教育改善を図るという意味がある。そのどちらも形式的・均一的な枠組みで受け止めるべきではなく、答申にあるように「学びの地図」としての役割を果たすことが大切である。

　②　学習指導要領のこれまでの経緯

　学習指導要領は、約10年ごとの改訂を基本にして、部分的に追加改訂が行われてきた。基本の改訂に関しては、その時々の社会の要求や変化を体現している。文部科学省の「新しい学習指導要領の考え方－中央教育審議会における議論から改訂そして実施へ－」によると、学習指導要領は以下のように変遷している。

【昭和33～35年改訂】
教育課程の基準としての性格の明確化
（道徳の時間の新設、基礎学力の充実、科学技術教育の向上等）（系統的な学習を重視）

【昭和43〜45年改訂】

教育内容の一層の向上（「教育内容の現代化」）（時代の進展に対応した教育内容の導入）（算数における集合の導入等）

【昭和52〜53年改訂】

ゆとりある充実した学校生活の実現＝学習負担の適正化（各教科等の目標・内容を中核的事項に絞る）

【平成元年改訂】

社会の変化に自ら対応できる心豊かな人間の育成（生活科の新設、道徳教育の充実）

【平成10〜11年改訂】

基礎・基本を確実に身に付けさせ、自ら学び自ら考える力などの［生きる力］の育成（教育内容の厳選、「総合的な学習の時間」の新設）

【平成15年一部改正】

学習指導要領のねらいの一層の実現（例：学習指導要領に示していない内容を指導できることを明確化、個に応じた指導の例示に小学校の習熟度別指導や小・中学校の補充・発展学習を追加）

【平成20〜21年改訂】

「生きる力」の育成、基礎的・基本的な知識・技能の習得、思考力・判断力・表現力等の育成のバランス（授業時数の増、指導内容の充実、小学校外国語活動の導入）

【平成27年一部改正】

道徳の「特別の教科」化「答えが一つではない課題に子供たちが道徳的に向き合い、考え、議論する」道徳教育への転換

　学習指導要領は、基準の設定という観点では、全国どこにいても同じ質の教育が受けられるといういい点がある。これは日本の教育に大きな進展をもたらした。しかし一方、場合によっては画一化してしまうという問題点も併せもつ。学習指導要領の位置付けに関しては、いくつかの論争が生じていることも事実だが、日本の教育を牽引してきたことには変わりない。
　また、その変遷をたどると、学習指導要領が固定化したものではなく、時代の変化に対応していることも読みとれる。日本が高度成長期にあった時代から

低成長の時代に入り、集団から個への教育的対応の必要性が求められ、「生きる力」をどう付けていくかに焦点が当てられてきた。道徳の教科化や小学校からの英語教育なども時代の要請に対応したものである。しかし、教育内容の量という問題に加え、道徳の教科化や小学校からの英語教育については、拙速ではないかなどの批判があるのも事実である。

近年、「ゆとり」か「詰め込み」かという論争が起きた。「詰め込み」だけの教育では考える力を喪失させてしまうという考えから「ゆとり教育」が導入されたが、OECDの学力調査によって日本の学力が低下しているという時期にも重なり、この「ゆとり教育」は否定されていくことになる。しかし、「詰め込み」でいいわけではない。それゆえ、答申は「特に学力については、『ゆとり』か『詰め込み』かの二項対立を乗り越え」という形で、やや抽象的ではあるが、どちらかに与することなく論じている。さらに三つの柱として「知識・技能」「思考力・判断力・表現力等」「学びに向かう力・人間性等」を提起している。

③ 子どもの課題と未来

子ども（答申では「子供」と表記されているが、筆者は「子ども」と表記）たちは現在、どのような状態なのだろうか。子どもたちの状況を無視しては、教育の在り方は定められない。答申では「学力については、国内外の学力調査の結果によれば近年改善傾向にあり（中略）また、『人の役に立ちたい』と考える子供の割合は増加傾向にあり（中略）子供たちの9割以上が学校生活を楽しいと感じ」ているとのことである。しかし、この認識は一時的なものであるだろうし、学校生活が楽しいと感じているのが9割だとしても、感じていないのは1割に近いというのは問題だという見方も生じる。むしろ問題点だと思われることに真摯に向き合うことが必要なのではないだろうか。

では答申において今日の教育における問題点はどのように認識されているのか。要約すると以下のようになる。

・判断の根拠や理由を明確に示しながら自分の考えを述べたり、実験結果を分析して解釈・考察し説明したりすることなどについて課題が指摘されている。

・情報化が進展し身近に様々な情報が氾濫し、あらゆる分野の多様な情報に触れることがますます容易になる一方で、視覚的な情報と言葉との結びつきが希薄になり、知覚した情報の意味を吟味したり、文章の構造や内容を的確に捉えたりしながら読み解くことが少なくなっているのではないかとの指摘もある。
・PISA 2015では、読解力について、国際的には引き続き平均得点が高い上位グループに位置しているものの、前回調査と比較して平均得点が有意に低下しているという分析がなされている。
・子供たちの読書活動についても、量的には改善傾向にあるものの、受け身の読書体験にとどまっており、著者の考えや情報を読み解きながら自分の考えを形成していくという、能動的な読書になっていないとの指摘もある。教科書の文章を読み解けていないとの調査結果もあるところであり、文章で表された情報を的確に理解し、自分の考えの形成に生かしていけるようにすることは喫緊の課題である。
・子供が自然の中で豊かな体験をしたり、文化芸術を体験して感性を高めたりする機会が限られているとの指摘もある。
・体力については、運動する子供とそうでない子供の二極化傾向が見られる。

　こうした問題点は、経済の発展とともに都市化によって自然環境が喪失していることや、ＩＴ化が促進するなかで知識の量だけではなく思考力や判断力が必要とされていることなどが背景にある。さらに格差社会が拡大することによるひずみも見落としてはならない。

⑶　キーワードから見る学習指導要領

　以上のような問題に対してどう対応していくかが今後の課題になる。そのことに関して答申は多くの記述があり、それが学習指導要領に連動していく。そこで本稿では学習指導要領につながるいくつかの項目（キーワード）を説明することにしたい。ここでは、文部科学省「新しい学習指導要領の考え方－中央教育審議会における議論から改訂そして実施へ」（以下「考え方」と表記）を参考に記述する。

［社会に開かれた教育課程］

　「考え方」では「今回の改訂と社会の構造的変化」の章において「社会に開かれた教育課程の実現」という副題がある。ここでは答申の根拠（エビデンス）についての説明が多くなされているが、特に目を引くのは人工知能（AI）についてである。答申そのものも人工知能についてはかなり意識した記述がある。それは、「注」に表記されている。そこでは「子供たちの65％は将来、今は存在していない職業に就く（キャシー・デビッドソン氏（ニューヨーク市立大学大学院センター教授））との予測や、今後10年〜20年程度で、半数近くの仕事が自動化される可能性が高い（マイケル・オズボーン氏（オックスフォード大学准教授））などの予測がある。また、2045年には人工知能が人類を越える『シンギュラリティ』に到達するという指摘もある」というものである。この人工知能についてはもはや教育の分野でも無視はできない。過剰な反応は必要ないとしても、常に意識していく必要がある。言うまでもなくキャリア教育において、人工知能によってなくなる仕事が生じるということも把握する必要があるだろう。ただし「考え方」でも「人工知能がいかに進化しようとも、それが行っているのは与えられた目的の中での処理である。一方で人間は、感性を豊かに働かせながら、どのような未来を創っていくのか、どのように社会や人生をよりよいものにしていくのかという目的を自ら考え出すことができる」と念を押して、人工知能の限界には言及している。

　「考え方」では「社会に開かれた教育課程」を以下のようにまとめている。

①社会や世界の状況を幅広く視野に入れ、よりよい学校教育を通じてよりよい社会を創るという目標を持ち、教育課程を介してその目標を社会と共有していくこと。

②これからの社会を創り出していく子供たちが、社会や世界に向き合い関わり合い、自分の人生を切り拓いていくために求められる資質・能力とは何かを、教育課程において明確化し育んでいくこと。

③教育課程の実施に当たって、地域の人的・物的資源を活用したり、放課後や土

曜日等を活用した社会教育との連携を図ったりし、学校教育を学校内に閉じずに、その目指すところを社会と共有・連携しながら実現させること。

　学校は閉ざされた空間であってはならない。社会に開かれ、社会の資源も活用しながら、社会の総力としての学校の在り方が問われていると考えるべきであろう。

[何ができるようになるか]
　学習指導要領で「何ができるようになるか」という点に焦点を当てることはなかった。これまでの学習指導要領は教育内容を示しても「できる、できない」についてはいわば学習者に任された形であったが、今回の答申や「考え方」では、「何ができるようになるか」にも多くの記述がある。それが「主体的・対話的で深い学び」にもつながっている。つまり教育内容に加え、教育方法への言及があり、「できる、できない」という評価も加味されている。「考え方」では、「何ができるようになるか」を明確化するということで、「知・徳・体にわたる『生きる力』を子供たちに育むため、『何のために学ぶのか』という学習の意義を共有しながら、授業の創意工夫や教科書等の教材の改善を引き出していけるよう、全ての教科等」を前述の３観点で整理している。
　要するに３観点をもとに「生きる力」を育み、「何ができるようになるか」をはっきりさせる必要があるというのである。しかし、「できる、できない」まで守備範囲を広めると、現場ではかなりの混乱も予想され、教員へのさまざまな縛りも起きてくるのではないか。心配な点ではある。

[主体的・対話的で深い学び]
　「主体的・対話的で深い学び」は、もともとは「アクティブ・ラーニング」と呼ばれていた。しかし、答申以降は便宜上、「アクティブ・ラーニング」という言葉は使われるが、「主体的・対話的で深い学び」という言葉に置き換わった。言葉が置き換わっただけではなく、それが意味することも変わっている。「考え方」では「学習活動を子供の自主性のみに委ね、学習成果につながらない『活動あって学びなし』と批判される授業に陥ったり、特定の教育方法

にこだわるあまり、指導の型をなぞるだけで意味のある学びにつながらない授業になってしまったりという恐れも指摘されている」。確かに「活動あって学びなし」という状況が生じる危惧はある。それは「指導の型をなぞるだけ」という教育方法では何も生み出さないどころか弊害が多いからだ。何か目新しいことをするのではなく、今までの授業の在り方を土台に、さらに「アクティブ・ラーニング」の手法を取り入れて、深い学びをどうつくっていくのかという授業改善が大切なのである。

[カリキュラム・マネジメント]

「カリキュラム・マネジメント」という言葉も新しいものである。その具体的な内容は以下のとおりである（「考え方より」）。

①各教科等の教育内容を相互の関係で捉え、学校の教育目標を踏まえた教科横断的な視点で、その目標の達成に必要な教育の内容を組織的に配列していく。
②教育内容の質の向上に向けて、子供たちの姿や地域の現状等に関する調査や各種データ等に基づき、教育課程を編成し、実施し、評価して改善を図る一連のPDCAサイクルを確立する。
③教育内容と、教育活動に必要な人的・物的資源等を、地域等の外部の資源も含めて活用しながら効果的に組み合わせる。

キーワードとしては、教科横断的、PDCAサイクル、外部資源ということになるだろう。これらを駆使して、教育活動の質を向上させ、学習の効果を図る必要がある。しかし、具体的に教科横断的な教育活動をどうつくるのか、外部資源確保の財政的側面はどうなっているのか、PDCAサイクルは企業の論理ではないかという意見があることは知っておく必要がある。

⑷　各学校段階における改訂の具体的な方向性

最後に各学校段階の今後の方向性を答申「概要」から簡潔に述べたいと思う。

幼児教育では「遊びを通しての総合的な指導により一体的に育む」「幼児教育の学びの成果が小学校と共有されるよう工夫・改善を行う」とある。小学校

では「低学年、中学年、高学年の発達の段階に応じた資質・能力の在り方や指導上の配慮を行う」とあり、「言語を扱う国語教育と外国語教育の改善・充実、及びその連携を図り言語能力の育成を推進する」とある。グローバル社会への対応が急がれている。また、「将来どのような職業に就くとしても時代を超えて普遍的に求められる『プログラミング的思考』を育むプログラミング教育の実施が求められる」とあるように、今までなかったプログラミング教育の重要性が語られ、人工知能が広がる社会への対応を促している。

　中学校段階では「外国語科における全国学力・学習状況調査を活用した指導改善サイクルの確立、社会科におけるグローバル化への対応や政治参加、防災等に関する学習の充実、技術・家庭科の技術分野におけるプログラミング教育の充実など、各教科等の課題に応じた教育内容の改善を図る」とされ、高等学校では「社会で生きていくために必要となる力を共通して身に付ける『共通性の確保』と、一人一人の 生徒の進路に応じた多様な可能性を伸ばす『多様性への対応』の観点を軸にしながら、高大接続改革の動きを踏まえつつ、教科・科目の構成を見直す」となっている。

　特別支援学校においても「①教育が普遍的に目指す根幹を堅持しつつ、社会の変化に視点を向け、柔軟に受け止めていく『社会に開かれた教育課程』の考え方、②育成を目指す資質・能力についての基本的な考え方、③課題の発見や解決に向けた『主体的・対話的で深い学び』の視点を踏まえた指導方法の充実、④カリキュラム・マネジメントなど、初等中等教育全体の改善・充実の方向性を重視する」とある。

　つまり、「社会に開かれた教育課程」「資質・能力の育成」「主体的・対話的で深い学び」「カリキュラム・マネジメント」等をキーワードにして、初等中等教育全体の改善・充実を図っていこうとするのが学習指導要領の改訂趣旨なのである。

（手島　純）

〈引用・参考文献〉
「月刊高校教育」編集部（2018）『高等学校新学習指導要領全文と解説』学事出版株式会社

文部科学省HP「幼稚園、小学校、中学校高等学校及び特別支援学校の学習指導要領等の改善及び必要な方策等について」及び【概要】
http://www.mext.go.jp/b_menu/shingi/chukyo/chukyo0/toushin/1380731.htm（閲覧年月日により内容は変わらない。以下同じ。）

文部科学省IIP「新しい学習指導要領の考え方－中央教育審議会における議論から改訂そして実施へ－」
http://www.mext.go.jp/a_menu/shotou/new-cs/__icsFiles/afieldfile/2017/09/28

第 3 節

法令改正及び国の審議会の状況

(1) はじめに

　本節では、学校教育法をはじめとした教育三法改正の概要を再確認するとともに、教育振興基本計画、代表的な中央教育審議会答申の概要、その他の政策動向について説明する。

(2) 教育三法改正の概要

① 学校教育法

　改正において、教育基本法（平成18年法律第120号）の新しい教育理念を踏まえ、新たに義務教育の目標を定めるとともに、幼稚園から大学までの各学校種の目的・目標を見直した。また、確かな学力を育むに当たって重視すべき点を、1）基礎的な知識及び技能の習得、2）これらを活用して課題を解決するために必要な思考力、判断力、表現力その他の能力の育成、3）主体的に学習に取り組む態度を養うこと、に明確化した。学校種の規定順について幼稚園を最初に規定した。

　学校における組織運営体制や指導体制の確立を図るため、幼稚園、小・中学校等に副校長、主幹教諭、指導教諭という職を置くことができることとした。

　学校は、教育活動その他の学校運営の状況について評価を行い、その結果に基づき学校運営の改善を図るために必要な措置を講ずることにより、教育水準の向上に努めることとした。　学校は、保護者及び地域住民その他の関係者の

理解を深めるとともに、これらの者との連携協力を推進するため、学校の教育活動その他の学校運営の状況に関する情報を積極的に提供するものとした。

② 地方教育行政の組織及び運営に関する法律

改正において、地方教育行政の基本理念を明記した。合議制の教育委員会は、1）基本的な方針の策定、2）教育委員会規則の制定・改廃、3）教育機関の設置・廃止、4）職員の人事、5）活動の点検・評価、6）予算等に関する意見の申し出については自ら管理執行することとした。教育委員会は、学識経験者の知見を活用し、活動状況の点検・評価を行うこととした。

③ 教育職員免許法及び教育公務員特例法

改正において、その時々で教員として必要な資質能力が保持されるよう、定期的に最新の知識・技能の修得を図り、教員が自信と誇りを持って教壇に立ち、社会の尊敬と信頼を得ることを目指して、教員免許更新制を導入した。教員が、勤務実績が良くない場合やその職に必要な適格性を欠く場合に該当するとして分限免職処分を受けたときは、その免許状は効力を失うこととした。

⑶ 教育振興基本計画

教育振興基本計画は、教育基本法に示された理念の実現と、我が国の教育振興に関する施策の総合的・計画的な推進を図るため、同法第17条第1項に基づき政府として策定する計画のことであり、現在は、第3期教育振興基本計画（2018～2022年度）が実施されている。

⑷ 近年の代表的な中央教育審議会答申

近年の代表的な中央教育審議会答申のポイントを説明する。

① 今後の学校におけるキャリア教育・職業教育の在り方について

（平成23年1月31日）

この答申では、キャリア教育と職業教育の関係を整理し、キャリア教育は「一人一人の社会的・職業的自立に向け、必要な基盤となる能力や態度」、職業教育は「一定又は特定の職業に従事するために必要な知識、技能、能力や態

度」と区別した。

　キャリア教育を「一人一人の社会的・職業的自立に向け、必要な基盤となる能力や態度を育てることを通して、キャリア発達を促す教育」と定義するとともに、キャリア発達を「社会の中で自分の役割を果たしながら、自分らしい生き方を実現していく過程」と定義した。併せて、「基礎的・汎用的能力」として「人間関係形成・社会形成能力」「自己理解・自己管理能力」「課題対応能力」「キャリアプランニング能力」を示した。

　②　今後の地方教育行政の在り方について（平成25年12月13日）

　この答申では、教育委員会の現状と課題を踏まえ、教育再生実行会議の提言を具体化していくため、主に、教育長及び教育委員会の権限と責任の明確化、政治的中立性、継続性・安定性の確保、首長の責任の明確化の点から、具体的な制度改正の在り方を示した。

　③　道徳に係る教育課程の改善等について（平成26年10月21日）

　この答申では、道徳に係る教育課程の改善を図るために、道徳の時間を「特別の教科　道徳」（仮称）として位置付け、道徳教育の目標を明確で理解しやすいもの、情報モラルや生命倫理などの現代的課題の扱いの充実を含めて道徳の内容をより発達の段階を踏まえた体系的なもの、また、多様で効果的な道徳教育の指導方法へと改善を図った。併せて、「特別の教科　道徳」（仮称）への検定教科書の導入、評価の在り方を示した。

　④　新しい時代にふさわしい高大接続の実現に向けた高等学校教育、大学教育、
　　　大学入学者選抜の一体的改革について（平成26年12月22日）

　この答申では、高大接続改革の実現に向けて「高大接続改革実行プラン（仮称）」を策定し、新テスト「高等学校基礎学力テスト（仮称）」の導入、大学入学者選抜においては、現行の大学入試センター試験を廃止し、大学で学ぶための力のうち、特に「思考力・判断力・表現力」を中心に評価する新テスト「大学入学希望者学力評価テスト（仮称）」の導入、大学における個別選抜改革と教育の質的転換を図るための政策手段等を示した。

⑤ 子供の発達や学習者の意欲・能力等に応じた柔軟かつ効果的な教育システム
　の構築について（平成26年12月22日）

　この答申では、小中一貫教育の制度化及び総合的な推進方策について示すと
ともに、飛び入学者に対する高等学校の卒業程度認定制度の創設、国際化に対
応した大学・大学院入学資格の見直し、高等教育機関における編入学の柔軟化
など、意欲や能力に応じた学びの発展のための制度の柔軟化について示した。

⑥ これからの学校教育を担う教員の資質能力の向上について ～学び合い、高め
　合う教員育成コミュニティの構築に向けて～（平成27年12月21日）

　この答申では、「これからの時代の教員に求められる資質能力」として、1）
これまで教員として不易とされてきた資質能力に加え、自律的に学ぶ姿勢を持
ち、時代の変化や自らのキャリアステージに応じて求められる資質能力を生涯
にわたって高めていくことのできる力や、情報を適切に収集し、選択し、活用
する能力や知識を有機的に結びつけ構造化する力、2）アクティブ・ラーニン
グの視点からの授業改善、道徳教育の充実、小学校における外国語教育の早期
化・教科化、ICTの活用、発達障害を含む特別な支援を必要とする児童生徒等
への対応などの新たな課題に対応できる力量、3）「チーム学校」の考えの下、
多様な専門性を持つ人材と効果的に連携・分担し、組織的・協働的に諸課題の
解決に取り組む力、を示した。また、1）教員研修に関する課題、2）教員採
用に関する課題、3）教員養成に関する課題、4）教員の養成・採用・研修を
通じた課題、5）教員免許制度に関する課題を整理するとともに、教員が同僚
の教員とともに支え合いながらOJTを通じて日常的に学び合う校内研修の充実
や、自ら課題を持って自律的、主体的に行う研修に対する支援のための方策等
を示した。

⑦ チームとしての学校の在り方と今後の改善方策について（平成27年12月21日）

　この答申では、「チームとしての学校」を実現するための三つの視点として、
1）専門性に基づくチーム体制の構築、2）学校のマネジメント機能の強化、
3）教職員一人一人が力を発揮できる環境の整備を示し、具体的な改善方策に
ついて示した。

⑧　新しい時代の教育や地方創生の実現に向けた学校と地域の連携・協働の在り方と今後の推進方策について（平成27年12月21日）

　この答申では、学校が抱える複雑化・困難化した課題を解決し、子供たちの生きる力を育むためには、地域住民等の参画・協力が必要であること、このため、地域の人々と目標やビジョンを共有し、地域と一体となって子供たちを育む「地域とともにある学校」へと転換を図ること、学校における地域との連携・協働体制を組織的・継続的に確立する観点から、コミュニティ・スクールを一層推進することを示した。

⑨　幼稚園、小学校、中学校、高等学校及び特別支援学校の学習指導要領等の改善及び必要な方策等について（平成28年12月21日）

　この答申では、平成29年及び30年に告示された幼稚園教育要領、学習指導要領等の改善及び必要な方策等について示した。主なポイントとして、「生きる力」の理念の具体化と教育課程の課題として、学習指導要領等を「学びの地図」としての枠組みづくりと、1）「何ができるようになるか」、2）「何を学ぶか」、3）「どのように学ぶか」、4）「子供一人一人の発達をどのように支援するか」、5）「何が身に付いたか」、6）「実施するために何が必要か」といった新しい学習指導要領等に向けて、この6点に沿ってその枠組みを考えていくことが必要であることを示した。その他、「カリキュラム・マネジメント」の実現、「主体的・対話的で深い学び」の実現（「アクティブ・ラーニング」の視点からの授業改善）、「社会に開かれた教育課程」の実現などを掲げている。

⑩　新しい時代の教育に向けた持続可能な学校指導・運営体制の構築のための学校における働き方改革に関する総合的な方策について（平成31年1月25日）

　この答申では、学校における働き方改革に関する総合的な方策について、その目的、実現に向けた方向性を示すとともに、勤務時間管理の徹底と勤務時間・健康管理を意識した働き方の促進、学校及び教師が担う業務の明確化・適正化、学校の組織運営体制の在り方、教師の勤務の在り方を踏まえた勤務時間制度の改革、学校における働き方改革の実現に向けた環境整備等を示した。なお、学校及び教師が担う業務の明確化・適正化について、1）基本的には学校

以外が担うべき業務、2）学校の業務だが、必ずしも教師が担う必要のない業務、3）教師の業務だが、負担軽減が可能な業務、を具体的に示した。

<参考>新しい時代の初等中等教育の在り方について（諮問）（平成31年4月17日）

　文部科学大臣より「新しい時代の初等中等教育の在り方について」として、以下の4点について諮問された。

1．新時代に対応した義務教育の在り方（基礎的読解力などの基盤的な学力の確実な定着、学級担任制と教科担任制、習熟度別指導など指導体制、教育課程、特別な配慮を要する児童生徒に対する指導及び支援、等）

2．新時代に対応した高等学校教育の在り方（普通科改革、文系・理系にかかわらず様々な科目を学ぶことやSTEAM教育の推進、定時制・通信制課程、地域社会や高等教育機関との協働、等）

3．増加する外国人児童生徒等への教育の在り方（就学機会の確保や教育相談等の包括的支援、公立学校における指導体制の確保、日本の生活や文化に関する教育、母語の指導、異文化理解や多文化共生の考え方に基づく教育、等）

4．これからの時代に応じた教師の在り方や教育環境の整備等（児童生徒等に求められる資質・能力の育成、義務教育9年間について学級担任制を重視する段階と教科担任制を重視する段階に捉え直すことのできる教職員配置や教員免許制度、教員養成・免許・採用・研修・勤務環境・人事計画等、教員免許更新制の実質化、多様な背景を持つ人材によって教職員組織を構成するための免許制度や教員の養成・採用・研修・勤務環境、特定の課題に関する教師の専門性向上のための仕組みの構築、幼児教育の無償化を踏まえた幼児教育の質の向上、義務教育をすべての児童生徒等に実質的に保障するための方策、いじめの重大事態、虐待事案に適切に対応するための方策、学校の小規模化を踏まえた自治体間の連携等を含めた学校運営、教職員や専門的人材の配置、ICT環境や先端技術の活用を含む条件整備の在り方、等）

①　学習評価に関する政策動向（中央教育審議会初等中等教育分科会教育課程部
　　会「児童生徒の学習評価の在り方について（報告）」（平成31年１月21日）及び
　　「小学校，中学校，高等学校及び特別支援学校等における児童生徒の学習評価及
　　び指導要録の改善等について（通知）」（平成31年３月29日）より）

　「児童生徒の学習評価の在り方について（報告）」では、学習評価の改善の基
本的な方向性として、１）児童生徒の学習改善につながるものにしていくこと、
２）教師の指導改善につながるものにしていくこと、３）これまで慣行として
行われてきたことでも、必要性・妥当性が認められないものは見直していくこ
と、を示した。併せて、図１に示すように各教科における評価の基本構造も示
している。ちなみに、観点別学習状況評価の各観点「知識・技能」、「思考・判

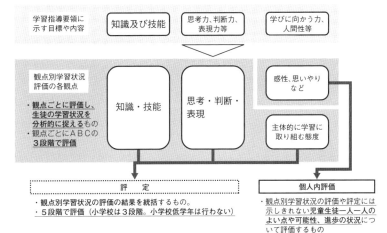

図1　各教科における評価の基本構造
（文部科学省「児童生徒の学習評価の在り方について（報告）」より）

断・表現」及び「主体的に学習に取り組む態度」については、学校教育法第30条２項に沿った観点であることに留意したい。なお、「主体的に学習に取り組む態度」については、心理学や教育学等の学問的な発展に伴って、自己の感情や行動を統制する能力、自らの思考の過程等を客観的に捉える力（いわゆるメタ認知）など、学習に関する自己調整にかかわるスキルなどを重視している点が特徴で、各教科等の評価の観点の趣旨に照らし、①知識及び技能を獲得したり、思考力、判断力、表現力等を身に付けたりすることに向けた粘り強い取組を行おうとする側面、②①の粘り強い取組を行う中で、自らの学習を調整しようとする側面、という二つの側面を評価することを示した。

　学習評価の結果の活用に際しては、各教科等の児童生徒の学習状況を観点別に捉え、各教科等における学習状況を分析的に把握することが可能な「観点別学習状況の評価」と、各教科等の児童生徒の学習状況を総括的に捉え、教育課程全体における各教科等の学習状況を把握することが可能な「評定」の双方の特長を踏まえつつ、その後の指導の改善等を図ることが重要であることを明確にしている。

　なお、指導要録については、高等学校及び特別支援学校（視覚障害，聴覚障害，肢体不自由又は病弱）高等部における「各教科・科目等の学習の記録」について、観点別学習状況の評価を充実する観点から、各教科・科目の観点別学習状況を記載することとなっている。

②　デジタル教科書に関する政策動向（「学習者用デジタル教科書の効果的な活用の在り方等に関するガイドライン」より）

　教育の情報化の進展に伴い、各学校においては、既に様々な学習者用デジタル教材を児童生徒が補助教材として活用しているが、学習者用デジタル教科書の制度化により、次のとおり、2019年４月１日から一定の基準の下で、必要に応じ、紙の教科書に代えて学習者用デジタル教科書を使用できることとなることを示した。

①新学習指導要領を踏まえた「主体的・対話的で深い学び」の視点からの授業改善など、児童生徒の学習を充実させるために、教育課程の一部において、

紙の教科書に代えて学習者用デジタル教科書を使用できる。

②特別な配慮を必要とする児童生徒等に対し、文字の拡大や音声読み上げ等により、その学習上の困難の程度を低減させる必要がある場合には、教育課程の全部においても、紙の教科書に代えて学習者用デジタル教科書を使用できる。

　参考までに、紙の教科書と学習者用デジタル教科書の関係を以下の図２に示す。

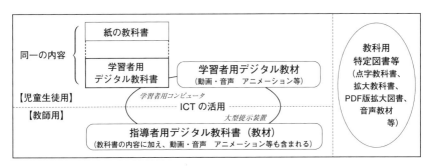

図２：紙の教科書や学習者用デジタル教科書等の概念図

（仲　久徳）

〈引用・参考文献〉

文部科学省（2007）「教育三法の改正について」
　http://www.mext.go.jp/a_menu/kaisei/07101705/001.pdf　（2020.1.5.確認）
文部科学省 教育振興基本計画
　http://www.mext.go.jp/a_menu/keikaku/　（2020.1.5.確認）
文部科学省 審議会別 諮問・答申等一覧
　http://www.mext.go.jp/b_menu/shingi/toushin.htm　（2020.1.5.確認）

第 4 節

様々な問題に対する組織対応の必要性

⑴　学校組織マネジメントによる学校づくり

①　はじめに

　教員としての力量を高めたい。学年によってこんなに方針が違っている。もっと子どもと向き合う時間がほしい。なぜ人によってこれほど仕事の差があるのか。このような現場の声が聞かれる中で、2015年12月、中央教育審議会答申「チームとしての学校の在り方と今後の改善方策」が出された。教員の専門性だけでは対応が困難になっている学校状況を踏まえて、学校の教育力・組織力を向上させ、一人一人の子どもの状況に応じた教育を実現するために、チームとして職務を担う「チーム学校」を打ち出し「学校経営は管理職の仕事だという教職員の意識を変えることがマネジメント・マインド（経営感覚）に通ずるものである」とした。

②　組織マネジメントを学校現場に導入

　2000年12月に公表された「教育改革国民会議報告——教育を変える17の提案」において学校マネジメントの発想が必要なことが指摘され、この中で「学校に組織マネジメントの発想を導入し、校長が独自性とリーダーシップを発揮できるようにする」としている。これを受けて、文部科学省では、学校マネジメントの発想を導入するための研修カリキュラム等を開発し、教育委員会等による教職員向けの学校組織マネジメント研修への取組の促進を目指し、2002年6月に「マネジメント研修カリキュラム等開発会議」を設置した。

これ以降、2005年2月には『学校組織マネジメント研修〜すべての教職員のために〜（モデル・カリキュラム）』が公刊され、独立法人教員研修センター（現 NITS 独立行政法人教職員支援機構）が中心となり、すべての教職員を対象とした学校組織マネジメントの発想、手法を取り入れた学校運営、教育活動の充実を図る研修が導入された。

③　学校組織マネジメントとは

　学校組織マネジメントとは、「学校の有している能力・資源を、学校に関与する人たちのニーズに適応させながら、学校教育目標を達成していく過程（活動）」と定義している（文部科学省 組織マネジメント研修カリキュラム等開発会議）。

　また、木岡一明氏は「組織マネジメントとは、一人では果たせない結果を生むために、環境との折り合いをつけながら組織内外の資源（人的、物的、財的、情報、ネットワーク）や能力を統合・開発し、複数の人々による活動を調整する一人ないしはそれ以上の人々の活動と過程である」と定義している。

　従来の学校経営観と比較すると学校組織マネジメントでは、学校が組織になっていくプロセスを重視している。

　1）環境との相互作用
　2）計画（Plan）−実施（Do）−点検・評価（Check）−更新（Action）のPDCA
　　マネジメントサイクル、とりわけ次の一手（Action）
　3）PDCAの過程を円滑化するスキル（技術）やストラテジー（戦略や方略）
　4）進むべき方向を示すミッション（職責）とビジョン（目指すところ）

④　学校組織マネジメントを生かした学校づくり

　これからの学校は、目的に向かって効率的・効果的に組織全体が動くことで組織内外の刻々と変化する環境からの規制や影響に対して、的確な情報分析をし、それらをうまく受け入れたり回避したりしながら、内外の資源（人・ネットワーク、物・資金、情報）や能力を統合、開発し、人々の活動を調整することが必要である。

　ここでいう「環境」とは、組織の外部環境と内部環境を指す。

（学校の外部環境要因）

　1）地域の自然・風土、産業など

　2）保護者、地域住民、同窓生など

　3）図書館、病院、近隣の学校、公民館など

　4）市町村、警察、消防など

（学校の内部環境要因）

　1）人的資源・ネットワーク資源（児童生徒、教職員、保護者、PTAなど）

　2）物的資源・資金的資源（校舎、教室、体育館、校庭、付属施設、教材・
　　　教具など）

　3）情報的資源（カリキュラム、時間割、行事、教育方法、校務分掌など）

　学校の外部環境要因・内部環境要因は、学校ごとに異なり、常に変化し続けている。学校はそうした環境の変化を捉え、変化を踏まえた教育活動を展開し、学校組織の活性化と教職員の資質・能力の向上を図ることが求められている。

　⑤　学校の組織力の向上

　1）協働態勢の必要性

「協働」という言葉は、「協力して働くこと」を意味する。

　日本は1960年から1970年にかけて経済成長を遂げ、国民生活は豊かになり都市化された反面、核家族化現象や教育力の低下が問題となった。国はこれらの状況を踏まえて、1998年、中央教育審議会で「学校・家庭・地域社会と連携の在り方」を重要課題として捉え、2006年に、教育基本法第13条に「学校、家庭及び地域住民その他の関係者は、教育におけるそれぞれの役割と責任を自覚すると共に相互の連携及び協力に努めるものとする」とした。

　これらの法令に規定されるまでもなく、児童生徒一人一人に「生きる力」を身に付けさせるためには、保護者や地域社会の理解と連携協力は欠かせない。学校が教育活動の目的を明確にし、連携協力して児童生徒の教育を推進することが必要である。

　2）教職員の協働態勢の確立

　これまでの学校づくりでは、管理職のリーダーシップや個々の教職員の資

質・能力の向上に焦点があてられてきた。しかし、せっかく育ててきた教職員やリーダーシップを発揮し学校づくりをしてきた管理職の転勤により学校状況が大きく変化してしまうことが見受けられた。このような状況を招かないためにも組織力の強い学校をつくっていくことが重要である。

　また、学校経営においては、教職員一人一人がもっている能力や専門性を最大限に引き出す「チーム学校」の考え方に立ち、専門スタッフの力をいかに発揮させるのかが鍵となる。

　現行の組織を見直し、配置された専門スタッフを活かすことのできる組織の構築が重要な課題であり、主幹教諭や指導教諭も組織の一員として仕事の進行状況を管理したり、組織全体で情報を共有したりすることが必要である。

　校長のみならず、教職員が組織マネジメントの考え方に立って、教育ビジョンの具現化に向けて、自らのPDCAを考えなければならない。研修を充実させ個々の教職員の専門的スキルを上げていくことが学校の組織的な教育に活かされる。

　３）保護者・地域との協働態勢をつくる

　保護者・地域との協働態勢をつくるに当たっては、学校が「このような教育活動を実践して、教育連携を図り、成果を上げたい」というメッセージを学校だよりやホームページ等で発信することが重要である。また、学校行事をはじめとする様々な教育活動の目的を明確にし、連携協力を依頼し、日常における相互の信頼関係の構築をはかり、学校・保護者・地域が児童生徒の成長目標を共有して教育にあたるとともに、学校現場の取組を情報公開していくことが大切である。

　⑥　終わりに

　「学校の有している能力・資源を、学校に関与する人たちのニーズに適応させながら、学校教育目標を達成していく過程（活動）」（文部科学省　組織マネジメントカリキュラム等開発会議）を受けて、地域や子どもの状況を踏まえて創意工夫を凝らした教育活動を展開していくことが、今、学校に求められている。各学校は、地域の状況を的確に把握すること、教育方針を保護者や地域に伝え

ること、特色ある教育課程を編成し自主的・自律的な運営を行うことなどの課題に取り組んでいる。こうした課題に対応する上でも、学校運営に当たっては、校長の示す学校経営の方針のもと、教職員がそれぞれの役割に応じて経営に参画し、業務を機能的・効果的に行うなど、学校組織マネジメント力をさらに高め、元気な学校づくりをしていくことが望まれる。

(2) 教員のメンタルヘルスと日常的コミュニケーションの重要性

① 教員のメンタルヘルスの実態

全国の教職員の休職者数は、ここ数年5000人前後で高止まりの傾向が続いている。かつては増加の一途であったが、この結果は、ある程度の対策が各都道府県の教育委員会で講じられていること、教師の中にメンタルヘルス対策の必要性が認識されてきたことが影響していると言えるのではないか。しかし、それでもなお休職者が減らない原因は様々考えられる。

夢をもって教員になったが現実とのギャップや指導力に不安を感じてストレス状態になり休職。若い教員に限らずリーダー的存在の教員にも仕事への責任感から抑うつ状態になりストレスを強く感じて休職。この他にも保護者からミスを指摘されるのではないかと委縮してしまい、失敗を恐れるあまり新しいことにチャレンジできなくなっている教員。またSNSによって情報が拡散し、部分的な情報で保護者から批判にさらされ、プレッシャーを感じながら過ごしている教員。

このような状況の中で、2014年6月、厚生労働省による改正労働安全衛生法の一部改正により、事業者は労働者に対してストレスチェックと面接指導の実施などをすることが義務づけられ、2015年4月にストレスチェック制度の運用が示されるなど、労働者の精神衛生について積極的な取り組みが行われるようになった。

② メンタルヘルスとは

メンタルヘルス、すなわち心の健康とは、健康かどうかを判断するだけではなく、予防からストレスの対処、その後のフォローアップまでを意味する。

1）ストレスとは何か

　ストレスは、もともと物理学の世界で使われている言葉で、外からの力に対して物体に生じる「ひずみ」のことを表す。（ストレスを風船にたとえてみると、風船を指で押さえる力をストレッサーと言い、ストレッサーによって歪んだ状態をストレス反応という）。ストレス学説を唱えたカナダの生理学者ハンス・セリエはこの物理学用語を生理学に応用し、外部からの刺激を「ストレッサー」、生体に生じる「ひずみ」をストレスと定義した。

　ストレスの原因としては、気温の変化や騒音などの物理的なもの、食品添加物といった科学的なもの、細菌やウイルスなどの生物的なもの、そして人間関係をはじめとした心理社会的なものに分類される。

　私たちの心や体に影響を及ぼすストレッサーは次のように分類される。

- ●物理的ストレッサー ……………　気温、騒音、けが、照明など
- ●科学的ストレッサー ……………　食品添加物、環境汚染など
- ●生物学的ストレッサー …………　細菌、ウイルス、寄生虫など
- ●心理社会的ストレッサー ………　対人関係、仕事、怒り、不安、恐怖など

　私たちが「ストレス」と言っているものの多くは、この中の「心理・社会的ストレッサー」のことを指している。職場では仕事の量や質、対人関係をはじめ、様々な要因がストレッサーとなりうる。

　ストレッサーによって引き起こされるストレス反応は、心理面、身体面、行動面の三つに分けることができる。ストレス反応が長く続く場合は、過剰なストレス状態に陥っている。症状に気づいたら、ふだんの生活を振り返り、原因となるストレッサーを分析し取り除くことが大切である。

2）教員のストレス要因

　教員は、いずれの世代においても、生徒指導や事務的な仕事、学習指導、業務の質、保護者への対応に強いストレスを感じている。中でもいじめ、不登校、学級崩壊、発達障害の児童生徒の教育指導、さらに、モンスターペアレントの増加などにより今までの指導では通用しない状況になっている。

　現在教員に求められるものは、専門職としての教員の能力だけではなく、危

機管理対応、保護者対応、周囲とのコミュニケーションや連携、協力体制のとれる能力が必要とされている。

　学校全体として地域や警察との連携を円滑に進められるかどうかも問われており、これらの教育現場における変化が、教員のストレスの要因の一つであると考えられる。

　3）ストレスをためないために

　同じ環境の中で同じようにストレスを受けても、その影響を強く受ける人とあまり受けない人がいる。例えば、まじめで完璧を目指す人、目標を達成しなければと考える人、競争心が強く他人に負けたくないという人ほど、ストレスを受けやすいことが分かっている。

　「自分はストレスを受けている」と感じ、負担になっている場合は、ストレスの要因は何かを考えてみる。もし、「完璧を目指す」ことが負担になっているなら、少し考えの枠組みを変え、「少しぐらい不十分でも」というように融通性をもたせるだけで、ストレスから受ける影響はかなり軽減される。

　また、自分の「心と体の健康状態」を常にチェックする習慣をもつこと、気軽に悩みを相談できる友人をもつこと、仕事以外に集中できる世界をもつことが負のループから抜け出すコツである。

　③　日常的コミュニケーションの重要性

　社会の変化、教育をめぐる環境の変化、職場での年齢構成のアンバランスの中でコミュニケーシを上手に取れず、大きなストレスになっている場合がある。学校が機能するには、お互いにより良いコミュニケーションを保ちながら円滑な人間関係を築くことが求められる。教員の心身の健康が子どもたちへの教育、学校運営にも大きく関わってくるのである。

　1）様々な課題解決のために

　現在の学校教育を取り巻く課題として、「主体的・対話的で深い学び」の実現をめざす新指導要領の実現の他にも、いじめ・不登校、学級崩壊、特別支援教育、規範意識の低下、キャリア教育、保護者対応、情報社会をめぐる問題などが挙げられる。このような学校を取り巻く課題は、学級担任一人では解決で

きないものが多い。学校内の連携にとどまらず、保護者・地域との円滑な連携なしに教育は成り立たないと言っても過言ではない。そこで重要なのが職務上の組織や会議ではない場面でのコミュニケーションや人間関係である。

　２）信頼関係構築のために

　教員は、子どもとの信頼関係はもとより同僚、保護者との良き人間関係を築くことが大切である。お互いの人間関係が円滑であれば問題が生じてもある程度うまくいくものである。

　「校内の信頼関係」「校内のコミュニケーションの促進」だけでなく、日頃からなるべく多くコミュニケーションをとり、「顔の見える関係」を構築していくことが大切である。

　３）コミュニケーション能力とは

　コミュニケーション能力とは、一般的に「他者とコミュニケーションを上手に図ることができる能力」を意味している。言語による意思疎通能力。感情を互いに理解しあう能力。信頼関係を築いていく能力。相手の表情、眼の動き、沈黙、場の空気に十分に注意を払うことで相手の気持ちを推察する能力。相手の気持ちを尊重して相手に不快感を与えない表現で自分の感情や意思を相手に伝える能力。コミュニケーションを行うために体系づけられた知識、技術（コミュニケーションスキル）などである。

　職場の良好な人間関係の維持に始まり、教員と子ども、教員と保護者、教員同士の意思疎通、子どもたちの人間関係、インターネットやSNS上で繰り広げられる交流など人が人とコミュニケーションをとろうとする時、話し手は聞き手のことを、聞き手は話し手のことを推し量る気持ちが存在しなければ、思いの共有はあり得ない。我々教員はより質の高いコミュニケーション能力を身に付ける必要がある。

　④　最後に

　教職員同士が互いに助け合い、仕事を補うような風通しのよい職場環境を整備したり、それぞれが抱えている状況をお互いに受け止めたりすること。養護教諭、スクールカウンセラー、学校医と連携したシステムを学校内に整備し、

気軽に相談したり、情報交換したりできるような体制をみんなでつくっていくこと。また、メンタルヘルスの防止には、業務の軽減、事務の効率化を図るとともに、学校全体として組織的に業務を遂行する体制をつくり、特定の教職員だけに負担がかからないようにすることが大切である。　　　　　　　**（丸本茂樹）**

〈引用・参考文献〉

木岡一明（2004）『「学校の組織マネジメント」研修』教育開発研究所pp.30-32、pp.56-59、
　　p.70、pp.72-76

文部科学省（2005年2月）マネジメント研修カリキュラム等開発会議『学校組織マネジメント
　　研修〜すべての教職員のために〜』

文部科学省(2013年3月)教職員のメンタルヘルス対策検討会議『教職員のメンタルヘルス対策に
　　ついて（最終まとめ）』www.mext.go.jp/component/b_menu/shingi/toushin/__icsFiles/
　　afieldfile/2013/03/29/1332655_03.（2018年12月21日閲覧）

厚生労働省(2014年6月)『改正労働安全衛生法に基づくストレスチェック制度について』
　　https://www.mhlw.go.jp/bunya/roudoukijun/anzeneisei12/pdf/150442-1.pdf
　　（2018年12月15日閲覧）

第 5 節

学校における危機管理上の課題

(1) はじめに

　学校は児童生徒が安心して学ぶことができる安全な場所でなければならない。しかし、時として、事件・事故・災害が発生する。

　これらのすべてを予想することは困難であるが、適切かつ確実な危機管理体制を確立しておくことで、学校をめぐる危機的状況の発生を防止したり、回避したり、発生時の被害を最小限に抑えたりすることは可能である。

　2001年大阪教育大学附属池田小学校への不審者侵入による殺害事件、2011年滋賀県大津市立中学校2年生の男子生徒のいじめを苦にした自殺、2015年川崎市立中学校1年生のいじめによる殺害事件、2011年東日本大震災、2018年北海道胆振東部地震などの自然災害、さらに、登下校を含めた学校管理下での事故、メンタルヘルスに関する問題やアレルギー疾患、感染症の発生、不登校、校内暴力、教職員の不祥事など、学校は様々な危機と隣り合わせに置かれている。そのような状況の中で、それぞれに対する危機管理体制の確立は、すべての学校の緊急かつ重要な課題である。ここでは、危機管理の考え方、危機管理のプロセス、危機管理体制について考えていく。

(2) 危機管理の考え方

　危機管理には、危険をいち早く発見して事故や事件の発生を未然に防ぎ、児童生徒はもちろん、教職員自身の安全も確保する一連の組織的活動を指すリス

ク・マネジメントと、事件・事故・災害などが発生した場合に、適切かつ迅速に対処を行い、被害を最小限にとどめ、事後措置も怠ることがないように対応し、周りへの波及などのダメージをいかに少なく解決するかというクライシス・マネジメントがある。

　ここでいう事後措置とは、教育活動の正常化を速やかに図り、児童生徒等の学習活動を保障すること、事件・事故の再発を防ぐこと、必要に応じて児童生徒の心のケアに当たることなども含まれる。

(3)　危機管理のプロセス

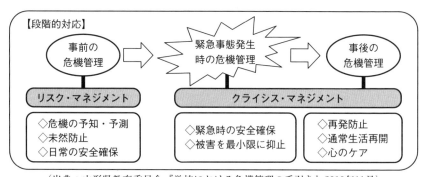

（出典：山形県教育委員会『学校における危機管理の手引き』2010年11月）

①　リスク・マネジメント

　１）危機の予知・予測

○過去に発生した自校や他校の事例から、その危機発生の原因や経過等を分析・検討することにより危機の予知・予測に努める。

　２）未然防止に向けた取り組み

○日頃から、一人一人の児童生徒の変化に気を配り、いつでも悩みを相談できる校内体制の整備に努める。また、施設・設備に関する定期的な点検や各種訓練等により未然防止に向けた対応を行う。

○教職員の日々の情報収集能力の向上や問題の早期発見に努め、安全点検に関わる意識の向上を図る。

○危機管理の基盤となる報告・連絡・相談による「ヒヤリハット」の情報の共有が児童生徒の事件・事故防止に効果を上げる。

*ヒヤリハット……ハインリッヒの法則を指す。「1件」の重大な事件・事故・災害の背後に「29件」の軽微な事件・事故・災害と「300件」のニアミスが存在する。

○学校における児童生徒の問題行動等への対応には、スクールカウンセラーやスクールソーシャルワーカーを活用しながら、積極的に警察や児童相談所等との連携も図っていかなければならない。

○定期的に評価・改善し、日々の教育活動の充実に努める。また、施設の充実などのハード面と、教職員や保護者、関係諸機関による危機管理体制づくりなどのソフト面の充実を図ること。

○校長がチームのリーダーとなり、安全の実務担当教員を中心に、すべての教職員が普段から役割を分担し、連携を深めながら活動を進めることができるようにしておくことが必要である。

② クライシス・マネジメント

1）事故発生時の基本姿勢（緊急事態発生）

○事件・事故・災害が発生した場合、各学校は作成した危機管理マニュアルに沿って、適切かつ迅速に対処し、児童生徒・教職員の生命や身体の安全を守るとともに、被害を最小限にとどめることが必要である。その際の基本姿勢は「さ・し・す・せ・そ」対応、下記に示す通りである。

【さ】：最悪の状況を想定する（初期対応の重要性）

【し】：指揮系統をはっきりさせ、慎重に慌てず、焦らず対応（校長リーダーの下）

【す】：推測で動かず、素早く正確な情報を得る（確実な情報収集と素早い伝達・措置）

【せ】：戦略と戦術、誠意をもって（首尾一貫した戦略と臨機応変な戦術）

【そ】：組織の役割を明確にする（一人一役、最後まで遂行）

２）事後の危機管理

○保護者及び関係者への連絡・説明を速やかに行う。

○学校における危機管理は、未然防止と事故対応だけでは終わらない。事件・事故・災害の再発防止と教育再開に向けた対策を講じることも危機管理の一つである。発生状況や対応の経過を総括し、問題点を整理して、心のケアも含めた教育再開と再発防止に向けた対策を立てること。そして、他校で起きた事件・事故・災害についても自分の学校でも起こり得るという意識を持つこと。

学校における危機管理にはすべての教員が関わり、危機発生を想定した組織づくりをする。また、上述の通り、危機管理の責任者は管理職であるが、危機管理を推進する実務のリーダーを置いておくことが必要である。

⑷　危機管理の体制づくり

①　実効性のある危機管理マニュアル

学校・教師はまず危機管理についての高い意識と正しい知識を共有し、「学校安全計画」の中に、危機管理に関する内容を明示し、日常および緊急時に具体的に対応できるようにマニュアルを作成し、実地訓練などを必ず行う。

なお、「学校安全計画」は、学校保健安全法で作成が義務付けられている「学校保健安全計画」のうち「安全に関する計画」として位置付けられている。

2017年3月に「第2次学校安全の推進に関する計画」が文部科学省から示されたが、いまだに児童生徒の安全が十分に確保されていない。このため、児童生徒等を取り巻く多様な危険を的確に捉え、対策を推進することが必要である。家庭・地域との連携の推進に当たって、地域間・学校間・教職員間に差が存在している。これらを解消し、すべての学校において、質の高い学校安全の取り組みを実現することが求められている。

今後の方策として次のようなことが挙げられる。

１）学校安全に関する組織的取り組みの推進

管理職のリーダーシップの下、学校安全の中核となる教職員を中心として、組織的な取り組みを的確に行えるような体制を構築する。

２）安全に関する教育の充実

　　学校安全計画に安全教育の目標を位置付け、これに基づいて、カリキュラム・マネジメントの確立と主体的・対話的で深い学びであるアクティブ・ラーニングの視点からの授業改善を図る。

３）学校の施設及び設備の整備充実

　　安全対策の観点から老朽化対策を推進、また耐震化の早期完了を目指す。

４）学校安全に関するPDCAサイクルの確立に基づいた事故等の防止

　　すべての学校において、定期的に学校施設・設備の安全点検を行うとともに、学校安全三領域（生活安全・災害安全・交通安全）すべての観点から通学路の安全点検を行い、児童生徒等の学校生活環境の改善を図る。

５）家庭、地域、関係機関等との連携・協働による学校安全の推進

　　すべての学校において、児童生徒等の安全に関する保護者・地域住民、外部専門家、関係機関との連携体制を構築する。

　マニュアル作成は必要だが、忘れてならないのはマニュアルの目的は、「作ることではなく、事案が発生した時に子どもたちを守れるか」ということである。マニュアルは机上のものであるから訓練を行うことで不都合な点が出てくる。それを活かして改善し、訓練を重ね、マニュアルの見直しを繰り返すことで、本番で役に立つマニュアルが完成するのである。

　②　児童生徒の安全教育と具体的な対策

　地域における犯罪、自然災害や交通事故など、いつどこで起こっても不思議ではなく、児童生徒一人一人が安心して学ぶことができる環境の確保と児童への安全教育が教育課題である。

　子どもたちを守るために、学校は安全対策としてゲートキープの徹底、防犯カメラの設置、刺股等の配備、来訪者名簿の記載、校内での名札着用などの取り組みをしているが、子どもたち自身が「自分の身は自分で守る」「危険を予測し、危険を回避する」力を身に付けることで、子どもが危険を事前に予測することができれば、被害を最小限に防ぐことができる。また、子どもたちが進んで安全で安心な社会づくりに参加し貢献できる力を身に付ける教育を進めて

いけば、自助だけでなく共助・公助にもつながっていく。

　これらの指導は、特別活動を中心に、各教科等でも安全・健康管理に関わる内容を適切に位置付け、意図的・計画的・継続的に指導することが必要である。指導に当たっては、体験的な学習や外部指導者による実技指導等を取り入れ、児童生徒が主体的に安全管理能力を身に付けられるようにする。

　具体例としては、以下のような取り組みが挙げられる。

　1）「地域安全マップ」づくり

○子どもたちが身を守る知識や危険な場所、安全な場所を見極める力を養うことができるように、生活科や総合的な時間を使って地域を回り、その体験を話し合いまとめたのが「地域安全マップ」である。子どもたちが、「この場所は危険」「この場所は安全」と意識できるようにすることで、危険予測能力や危険回避能力を向上させる。

○地域安全マップづくりは、子どもとともに教師・保護者、地域住民でコミュニケーションを取りながら街を歩いて、様々な発見をしながら作る。また、マップ作成に当たっては子どもたちの手作りが大切である。

　2）訓練の徹底

　事件・事故・災害に遭遇した時、被害を最小限に食い止める危険処理能力や危険予知能力を身に付けるために避難訓練や交通安全教室、不審者侵入訓練等を行う。その際、真剣に取り組むことを徹底させたい。　　　　　　**（丸本茂樹）**

〈引用・参考文献〉
坂根健二（2009）『学校の危機管理　最前線』教育開発研究所　pp.24-39
渡邉正樹（2009）『新編　学校の危機管理読本』教育開発研究所 pp.54-61、pp.118-121
中央教育審議会答申（2008年1月）『子どもの心身の健康を守り、安全・安心を確保するために学校全体としての取組を進めるための方策について』www.mext.go.jp/b_menu/shingi/chukyo/chukyo5/08012506/001.pdf（2019年1月6日閲覧）
東京都地域安全マップ教材編集委員会（2008年）『これで簡単！地域安全マップづくり』https://www.bouhan.metro.tokyo.lg.jp/paper/map/anzenmap08.pdf（2019年1月8日閲覧）
文部科学省（2017年3月）『第2次　学校安全の推進に関する計画』www.mext.go.jp/a_menu/kenko/anzen/__icsFiles/afieldfile/2017/06/13/1383652_03.pdf（2019年1月6日閲覧）

第 **6** 節

教育相談
（いじめ及び不登校への対応を含む）

⑴　はじめに

　教育職員免許法で必修科目とされてきた「教育相談」ほど、大学において内容（コンテンツ）も含めて「多様な」教え方をされてきた科目はないと思われる。このことは、免許更新講座でも同じである。少し考えただけでも「必修」科目としては自己矛盾だと言っていい。なぜこうなってきたのか。

　理由は様々考えられるが、「教師の行う教育相談」が不明確であったことが最大の要因である。心理学や教育学等を専門とする教員と、学校現場で教育相談を実践してきた教員とでは、「教師の行う教育相談」の捉え方に大きな違いがあり、これを相互の議論で埋めてこなかった積弊が根底にある。今こそこの積弊を解消すべき時である。

　平成31年度から「教育相談」が「教職課程コアカリキュラム」（全国各地の大学等で行う授業において全国的な水準を確保し、共通的に身に付けるべき最低限の学修内容を提示したもの）に含まれることとなった。ここで中核となるのは「学校における教育相談の意義と理論」（学校教育相談）であり、学校教育相談を進める際に必要な基礎知識や、学校教育相談の具体的な進め方やそのポイント、組織的な取り組みや連携のあり方等である。ようやく「教育相談」一般とは区別された「学校教育相談」の意義と理論が正面（前面）にはっきりと出てきたものである。

　本稿では、先行する様々な実践や研究を再点検しながら、現時点で構築でき

る「学校教育相談固有の理論」（本稿では特に学校教育相談の全体像や定義に焦点化する）を提示する。ここから様々な議論を展開していただくことで、「学校教育相談」を理論的にも実践的にもより一層充実・発展させる契機になることを願うものである。

⑵　不登校やいじめの実態と課題

①　不登校の実態

　文部科学省（平成30年10月25日）の発表によれば、小・中学校における長期欠席者数は、217,040人（前年度206,293人）である。このうち、不登校児童生徒数は144,031人（前年度133,683人）であり、不登校児童生徒の割合は1.5％（前年度1.3％）である。校種別では小学校0.5％（前年度0.5％）、中学校3.2％（前年度3.0％）となっており、増加に歯止めがかかっていない。

②　いじめの実態

　同様に、小・中・高等学校及び特別支援学校におけるいじめの認知件数は414,378件（前年度323,143件）と前年度より91,235件増加しており、児童生徒1,000人当たりの認知件数は30.9件（前年度23.8件）である。いじめ防止対策推進法第28条第1項に規定する重大事態の発生件数は474件（前年度396件）である。なお、いじめ等に帰因する事例も含めて、小・中・高等学校から報告のあった児童生徒数の自殺者（自死者）は250人（前年度245人）であるが、警察統計では341人であり、その差は91人となっている。いじめによる深刻な不登校事例も見られるところから、急増するいじめの防止は喫緊の重要課題である。

③　不登校・いじめ防止に対する基礎的視点

　稲村博氏は筆者への私信（1995年）において「不登校（と無気力症候群）は、わが国につきつけられた重大で象徴的な課題」とされていたが、近年この問いかけが一層重大な意味を持つことになった。

　既に森田洋司氏は次のように立論していた（森田 1991）。

実証的なデータによれば不登校に関しては、「逸脱規定や境界が不明確で、それ自体が悪いものだという意識が本人の意識として稀薄化している」のであり、「現代の子ども達にとって登校という行動が、もはや義務的な規範体系に属するものではなく、登校したくないときには休んでも差し支えないものという選択的体系に属し、欠席や遅刻・早退が逸脱視するほどのことではない」という認識が登場してきている。

　さらに保坂亨氏の実証研究（保坂 2000）によれば、

　長期欠席と不登校の学年別推移をみると、「小学校六年から中学校一年にかけての増加と中学校における学年進行につれての激増傾向がはっきり確認できる」が、このうち不登校に関して神経症的な登校拒否と精神障害によるものを合わせて「神経症型不登校」、怠学傾向（勉強嫌い・なまけなどの学校文化からの脱落）のものを「脱落型不登校」とすると、「どちらもほぼ学年が進行するにつれて増加し、特に中学からの増加が目立つ。しかし、神経症型不登校の出現率は小学校の高学年から増大し、小六から中一、中二にかけての増加が目立つ一方で、中二から中三にかけては一転して減少している。これに対して脱落型不登校は、小学校における微増の後、中学校においては一本調子に激増していく。」

　一方、いじめに関する国際比較から森田洋司氏は、日本においては適切な歯止めを欠いた「進行性タイプのいじめ」を問題にし、次のような特質を析出している（森田 2001）。

ア　いじめ発生率が最低であるにもかかわらず、長期高頻度被害者の構成比率が最多であり、しかも学年進行とともに高くなる。

イ　イギリスやオランダでは、いじめに対して注意した・学校の大人に助けを求めたといった「介入」の減少や、いじめにかかわりを持たないようにしたという「不干渉」の増加が中学生になると鈍るか逆転するにもかかわらず、日本だけは中学生になってもそのまま直線的に「介入」比率が減少し、「不干渉」比率が増加している。

これらの不登校やいじめに関する研究は今もなお現在をその射程距離に十分収めるものであり、ここで問われているのは学校そのものの全体的なあり方なのであり、そのことと密接不可分に構成される学校教育相談School Counseling Services by Teachers in Japan の定義（全体像）である。

⑶　**教育相談 School Counseling Services by Teachers in Japan の全体像**

　①　**現時点での学校教育相談の全体像（定義）**
　筆者は40年近く学校教育相談の実践と研究、教育に携わってきた。現時点では次のように学校教育相談の全体像を捉えている。

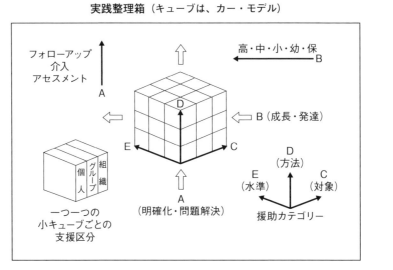

実践整理箱（キューブは、カー・モデル）

（大野精一「連載・学校教育相談の実践を読み解く——体系化に向けて　第3回『実践整理箱・その意義』」『月刊学校教育相談』2003年6月号 ほんの森出版 所収）

　学校教育相談（School Counseling Services byTeachers in Japan）とは、
　（対処領域）
　児童生徒の学習面（広く学業面を含む）、進路面（針路面を含む）、生活面（心理社会面および健康面）の課題や問題、論題に対して、

（対処方略）

　情緒的のみならず情報的・評価的・道具的にもサポートをするため、実践家に共通の「軽快なフットワーク、綿密なネットワーク、そして少々のヘッドワーク」を活動のモットーに、

　「反省的（省察的）実践家としての教師」というアイデンティティの下で、

（対処水準）

１）参加的な観察を中核とする統合的なアセスメントにより子どもたちを理解してみまもり（見守る）、

２）すべての子どもがもっている創造力（クリエイティビティ）と自己回復力（レジリエンス）とに丁寧にかかわり（「関わる」、狭義のカウンセリングのみではなく、構成的グループ・エンカウンター等のグループ・ワークやソーシャル・スキル・トレーニング等の心理教育も含め、さらに、そうした直接的なかかわりをチームとして支える作戦会議等をいう）、

３）早急な対応が必要な一部の子どもとしのぎ（「凌ぐ」、危機介入や論理療法等も含む初期対応等をいう）、

４）問題等が顕在化している特定の子どもをつなげ（「繋げる」、学校内外の機関等との作戦会議を土台とする連携・協働等をいう）、

５）すべての子どもがこれからの人生を豊かに生き抜くために、もっと逞しく成長・発達し、社会に向かって巣立っていけるように、学校という時空間をたがやす（「耕す」、学校づくりのことをいう）。

（対処位置付け）

　教育相談コーディネーター教師（特別支援教育コーディネーターを包含する）を中核とするチームによる組織的系統的な指導・援助活動（指援）である。

② 　カー・モデルについて

　カー・モデルについてはもう少し補足的に説明しておいた方がよいと思われる。

　教師は教育現場でかなりせわしなく、かつ同時並行的に様々な指導・援助しなければならないので、何とか学校教育相談の対処（対応）をシスティマティクで遺漏のないようにしようと筆者が思っていたときに出合ったのが、カー・モ

デル（Carr, R(1983). Peer career counseling: A conceptual and practical guide. Ottawa-Hull, Quebec: Canada Employment and Immigration Commission）である。中央のキューブ及び「一つ一つの小キューブごとの支援区分（カーはグループをpeerとsupportの二つに分けている）」、援助カテゴリーの矢印がカー・モデルに含まれている。これに実践上必要であると筆者が考えた方法的あるいは発達的な要素を加えて作成したのが154ページの図である。

　どのような領域に対処するのか、どのような方略で対処するのか、そしてどのような水準で対処するのか。その際に直接働きかけるのは個人か、グループか、あるいは組織か。

　カーは、さらに（焦点化する）領域（focus）を心理社会面（personal/social）・学業面（educational）・キャリア面（vocational/career）、方略（role）をカウンセリング（counseling）、コンサルテーション（consulting）、教育的指導（educating：これをさらに３区分し訓練 training・指導監督 supervising・協働 collaorating）、水準（level）を予防（preventive）、発達（developmental）、治療（remedial）のそれぞれ三つに区分（境界は画然としたものではない）している。

　図の中央部のキューブに注目すると、学校教育相談の対処（指導援助）類型は、少なくとも領域３×方略３×水準３×働きかける対象３＝81通りの小キューブに区分けできることになる。

　旧来の教育相談は、個人を対象にして心理社会面にカウンセリングで治療的に対処することが典型的だったと言えるかも知れない。今後は、教師の行う教育活動に焦点化した学校教育相談はどうあるべきかを、カー・モデルから省察していくことが喫緊の課題であり、さらに学校教育相談の不可欠な（不可避な）活動主体を「教育相談コーディネーター」として位置付けるのもその延長線上にあると思われる。

⑷　学校教育相談の今後の展望

　日本において初めて心理職の国家資格化が「公認心理師」（公認心理教法平成27年法律68号）として実現された。

同法第２条の定義規定は次の通りであり、医師法等とは異なり下記業務を法的に独占させるというものではなく、法的には単に名称独占（罰則付）を定めているに過ぎない。

（定義）
第２条　この法律において「公認心理師」とは、第28条の登録を受け、公認心理師の名称を用いて、保健医療、福祉、教育その他の分野において、心理学に関する専門的知識及び技術をもって、次に掲げる行為を行うことを業とする者をいう。
　　一　心理に関する支援を要する者の心理状態を観察し、その結果を分析すること。
　　二　心理に関する支援を要する者に対し、その心理に関する相談に応じ、助言、指導その他の援助を行うこと。
　　三　心理に関する支援を要する者の関係者に対し、その相談に応じ、助言、指導その他の援助を行うこと。
　　四　心の健康に関する知識の普及を図るための教育及び情報の提供を行うこと。
（名称の使用制限）
第44条　公認心理師でない者は、公認心理師という名称を使用してはならない。
　２　前項に規定するもののほか、公認心理師でない者は、その名称中に心理師という文字を用いてはならない。
（罰則）
第49条　次の各号のいずれかに該当する者は、30万円以下の罰金に処する。
　　二　第44条第１項又は第２項の規定に違反した者

　平成30年９月および12月に資格認定試験が実施されて、28,574人の合格者を出した。今後スクールカウンセラー任用等の基礎資格となるものと思われる。
　ただし「公認心理師」は極めて汎用性の高い一般的な心理資格として制度設計されたので、教育や医療、福祉、労働、矯正等の各分野での専門性を担保するものとはなっていない。「医師に消化器医など学会認定資格があるように、

教育や福祉、医療などの分野ごとに民間資格をつくり、より専門的に対応しようという議論も始まっている」(2019年2月1日『朝日新聞』「いちからわかる！心のケアをする国家資格ができたの？」)。例えば、公認心理師（学校心理士）という併記があれば、「教育に強い心理職」だと思われる。

　教育サイドはどうか。現時点で教師が学校教育相談を担当しても教育上の免許（国家資格）が用意されていない。心理教育系の学会が長年要望してきた「相談指導教諭」（名称は様々提案されている）が「栄養教諭」などと同じく制度化されることが望ましいように思われる。心理に強い教育職の国家資格として支援教諭（仮称）の創設が求められている。それまでは、例えば養護教諭（学校心理士）として心理に強い教育職を実質担保していくことになる（下図参照）。

　教育に強い心理職と心理に強い教育職との連携で複雑化する「不登校・いじめ」の防止対応が緊急の課題である。　　　　　　　　　　　　　**（大野精一）**

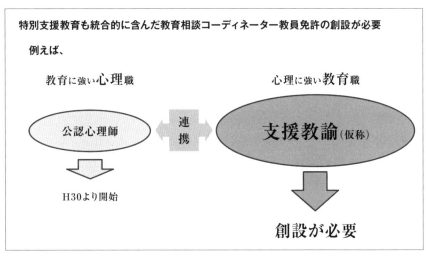

（井上 一 作成 2018）

〈引用・参考文献〉

大野精一（1996）『学校教育相談──理論化の試み』ほんの森出版

大野精一（1997）『学校教育相談──具体化の試み』ほんの森出版

大野精一他編著（2016）『学校心理学ハンドブック 第2版』教育出版

大野精一編著（2017）『教師・保育者のための教育相談（カウンセリング）── その考え方と進め方』萌文書林

大野精一・藤原忠雄編著（2018）『学校教育相談の理論と実践──学校教育相談の展開史、隣接領域の動向、実践を踏まえた将来展望』あいり出版

森田洋司（1991）『教室からみた不登校──データが明かす実像と学校の活性化』東洋館出版社

森田洋司（2001）『いじめの国際比較研究──日本・イギリス・オランダ・ノルウェーの調査分析』金子書房

保坂亨（2000）「不登校をめぐる歴史・現状・課題（展望）」『教育心理学年報』41

第 **7** 節

学校、家庭並びに地域の連携及び協働

⑴ いつの時代にも求められている「学校・家庭・地域社会」の連携

　子どもたちの教育を担っているのは、学校だけではない。子どもたちが日々生活をしている、家庭そして地域社会においても様々な他者と交わりながら子どもたちは発達していく。このような子どもたちの成長を支える全体的なイメージが図1に示されている。

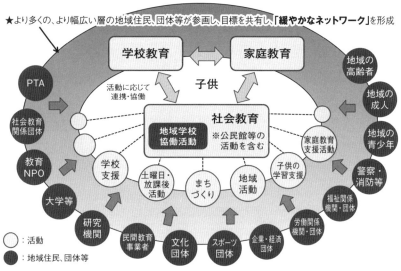

図1　地域全体で未来を担う子供たちの成長を支える仕組み（活動概念図）
（出典：文部科学省（2015）中央教育審議会答申）

日本全国どこの地域においても、このような学校・家庭・地域社会との連携がうまく機能していれば、子どもたちにとっても、さらには地域社会全体にとってもそれは大変素晴らしいことであろう。しかし、自然発生的にはなかなかこの連携がうまくいっていない場合があるのも事実である。そこで、国の施策として、学校と地域との連携について、また家庭教育を支援するシステムについて様々なプランや情報が発信されてきている。例えば、表1には、これまでの学校と地域の連携関係の施策の主な流れを示している。

表1　学校と地域の連携関連施策のこれまでの主な流れ

○平成14年4月　　完全学校週5日制の実施

○平成16〜18年　「地域教育力再生プラン（地域子ども教室推進事業）」（委託事業）実施

○平成19年度〜　厚生労働省との連携による「放課後子どもプラン」創設（補助事業）
　　　　　　　　・地域住民の参画を得て、全ての子供たちの放課後等における学習・体験・交流活動を支援する「放課後子供教室」の推進
　　　　　　　　・共働き家庭子供たちの放課後等の居場所を確保する「放課後児童クラブ」との連携の推進

○平成20年度〜　学校支援地域本部（委託事業）の実施
　（22年度まで）

○平成21年度〜　学校・家庭・地域の連携協力推進事業（補助事業）の創設
　　　　　　　　・「学校支援地域本部」「放課後子供教室」「家庭教育支援」等の学校・家庭・地域の連携による様々なメニューを組み併せてできるよう、メニュー化

○平成26年度〜　「土曜日の教育活動推進プラン」の開始
　　　　　　　　・平成25年11月に学校教育法施行規則を改正し、学校における土曜授業を取り組みやすくするとともに、学校と地域・企業等の連携による土曜日の教育活動を推進
　　　　　　　　「放課後子ども総合プラン」の策定
　　　　　　　　・一体型を中心とする放課後児童クラブと放課後子供教室の計画的整備を推進

○平成27年度〜　　「地域未来塾」による学習支援を新たに実施
　　　　　　　　　（学校をプラットフォームとした総合的な子供の貧困対策の推
　　　　　　　　　進の一部）
　　　　　　　　　・学校支援地域本部を活用し、家庭での学習習慣が十分に身に
　　　　　　　　　　ついていない中学生等を対象として、大学生や教員ＯＢ等の地
　　　　　　　　　　域住民の協力による原則無料の学習支援（地域未来塾）を新
　　　　　　　　　　たに実施

（出典：文部科学省（2016）学校と地域の連携・協働に関する参考資料 p.141）

　このようなたくさんの施策が展開されてきている中で、次項では特に「学校
支援地域本部」「地域学校協働本部」及び「家庭教育支援チーム」について取
り上げ、解説していきたい。

⑵ 「学校支援地域本部」から「地域学校協働本部」へ

① 「学校支援地域本部」── 地域が学校を支える拠点として

　学校支援地域本部の活動イメージは、図２に示されている。本部に期待され
ている活動には、主に学習支援に関わるもの（ICT活用等、授業補助など）、

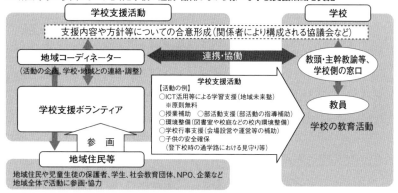

図２　学校支援活動の実施〜学校支援地域本部
（出典：文部科学省（2016）学校と地域の連携・協働に関する参考資料 p.143）

学校の活動を支援するもの（部活動、環境整備、学校行事など）、子どもの安全確保に関するものというように、どちらかといえば、その名称（学校支援地域本部）が示す通り「地域社会が」「学校を助ける」というニュアンスが強いものが多いようである。

　もともと、「学校支援地域本部」が設定されることになった経緯としては、文部科学省によれば次のような社会的な背景があった。ここで述べられているように、この本部設置には平成18年に改正された教育基本法による法的根拠もある。

　　社会がますます複雑多様化し、子供を取り巻く環境も大きく変化する中で、学校が様々な課題を抱えているとともに、家庭や地域の教育力が低下し、学校に過剰な役割が求められている。このような状況のなかで、これからの教育は、学校だけが役割と責任を負うのではなく、これまで以上に学校、家庭、地域の連携協力のもとで進めていくことが不可欠となっている。
　　このため平成18年に改正された教育基本法には、「学校、家庭及び地域住民等の相互の連携協力」の規定が新設された。学校支援地域本部は、これを具体化する方策の柱であり、学校・家庭・地域が一体となって地域ぐるみで子供を育てる体制を整えることを目的としている。そして、学校教育の充実、生涯学習社会の実現、地域の教育力の向上をそのねらいとしている。
　　（出典：文部科学省HP　http://www.mext.go.jp/a_menu/01_l/08052911/004.htm）

② 「地域学校協働本部」── 学校と地域社会が協働する拠点として

　平成27年に発表された中央教育審議会の答申（「新しい時代の教育や地方創生の実現に向けた学校と地域の連携・協働の在り方と今後の推進方策について」）において、地域と学校が連携・協働して、子どもたちの成長を支える新しい体制として、さらには地域社会を活性化する拠点として「地域学校協働本部」を整備することが提言された。「地域学校協働本部」はそれまでの「学校支援地域本部」などの既存の連携体制をさらに発展させた形となることが推進されている。こちらもその名称（地域学校協働本部）が示す通り、「学校支援地域本部」よ

りは学校と地域社会が「協働・連携」するという意味合いが強くなったものである。さらに令和２年度から順次実施される学習指導要領の改訂においても「社会に開かれた教育課程」の実現が盛り込まれ、より一層社会とのつながりが強調されるようになることも「地域学校協働本部」の整備がより求められるようになる背景になっている。ちなみに地域学校協働活動については、社会教育法が平成29年３月に改正され、この活動のコーディネーター役となる「地域学校協働活動推進委員」の委嘱などに関する規定が整備されている。

平成30年１月には「地域学校協働活動ハンドブック」が文部科学省から発行された。ここでは、すでに地域学校協働活動を実施している学校への調査結果から、子どもたちに対しての「コミュニケーション能力が上がる」「地域への理解・関心が深まる」という効果に加えて、保護者や地域住民が学校ボランティアに関わっている学校ほど学力も高いという結果が報告されている。

前述のハンドブックでは、具体的に教育委員会、学校、そして地域住民が何を行えばよいかについて解説されているので、これから地域学校協働本部を立ち上げようとする教職員、地域の皆さんの参考になるであろう。

⑶　家庭教育を支援する仕組みとしての「家庭教育支援チーム」

一方、家庭教育については、平成30年11月に文部科学省から「『家庭教育支援チーム』の手引書」が発行され、その中で地域人材を活用して家庭教育を支援する活動を促進する動きがある。このようなチームの必要性の背景については、「核家族化や地域社会のつながりの希薄化等を背景として、子育ての悩みや不安を抱えたまま保護者 が孤立してしまうなど、家庭教育が困難な現状が指摘される」（同手引書 p.2）状況を見据えていることが述べられている。

家庭教育支援チームは、具体的に地域でボランティアをしたい人材と行政側としての地方公共団体がタッグを組み、家庭支援を必要としている人に対して、例えば子育てやその他の相談にのったり、子どもたちが親と一緒に参加できる様々な活動を企画実施したり、あるいは学習の機会を提供したりと様々な活動を行う。図３がその一つの活動イメージ図である。

チームによる地域の課題解決の役割が期待されます！

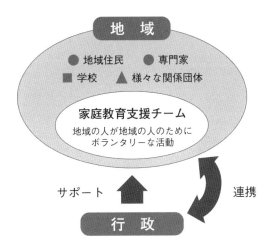

図3　家庭教育支援チームの活動イメージ
（出典：文部科学省（2018）「『家庭教育支援チーム』の手引書」p.6）

　役に立ちたい地域の人材と支援を必要とする家庭をつなぐ一つの方策として、手引書の中では具体的な活動事例も紹介されている。このような活動が地域社会で着々と進んでいることを学校教育に携わる教職員も十分に知っておき、必要があればチームの一員として活動に参加することが家庭・地域・学校の連携の一つの形として望まれることに今後はなっていくであろう。

⑷　システムはあっても、実際に連携することの難しさ

　このように国の施策として、地域社会と学校、あるいは地域社会と家庭をつなぐしくみが整備され、活動も始まってきていることを紹介してきたが、「そもそも何のために」学校・地域・保護者が連携・協働していく必要があるのだろうか。連携・協働の本質は、最終的には児童生徒が健やかに成長していくための教育を、そして教育の場を提供できることであろう。児童生徒に関わる様々な大人がバラバラで動いていては、有機的な意味ある場を作ることは難しく、学校は学校、家庭は家庭、地域は地域、それぞれのつながりがない……というような状況になってしまうであろう。

さらには、このような連携・協働が進むことで、児童生徒の保護者が孤立せず安心して子育てに取り組めること、学校側にとっては保護者の意見を取り入れながら学校運営が行われることなど様々なメリットが考えられる。

　しかし、実際には先に紹介したような様々な連携の図を描くだけでは連携を推進することはできない。それを実現するためには、最後は人と人が関わって話し合いを進めていくことが必要になる。次項では、その話し合いをうまく進めるための技術である「ファシリテーション」について紹介していきたい。

⑸　本当に連携を進めるために必要な話し合いの技術「ファシリテーション」

　ファシリテーション（facilitation）とは、「促進する」「容易にする」という「facilitate」の名詞形である。近年、教育現場においてもこのファシリテーション、あるいはファシリテーションを行う人である「ファシリテーター」という言葉が日常的に聞かれるようになっている。しかし、ファシリテーターを単なる「司会」と誤解されている場合も散見され、ここではファシリテーションとは何か、ファシリテーターとは何をする人なのかについて簡単に解説する。

①　うまくいかない話し合いを意味ある話し合いへ

　繰り返しになるが、連携・協働という場合には、人が集まって話し合う場が設定されることは必須である。しかし、せっかく連携しようと思って集まったのに次のような状況になって「今日の話し合いは何だったのだ？」と感じられたことはないだろうか。

　以下に「困った会議の代表的な症状」を示した。これらは例えば、地域の人と一緒に何かをしようとして集まった会議であっても、校内で行われているふだんの会議や授業研究協議会でも共通に見られることがある。要するに何を話し合っているかにかかわらず共有に見られる、「話し合いの仕方」についての問題なのである。この話し合いの仕方を「プロセス」と言うこともある。話し合いや会議に参加しているほとんどの人は、「何を話し合っているか（これは話し合いのコンテンツという）」には注目しているが、その話し合いがどのように進んで行っているか（これがプロセスである）にはほとんど注意を払っていない。

困った会議の代表的な症状

① そもそも何のために集まっているのかわからない。

② 何を話し合っているのかわからない。

③ 話し合いがあちらこちらに迷走しがち。

④ 何時間もかけて議論したプロセスが無視され、最後の意見に引きずられる。

⑤ いつも同じ人ばかりが意見を言っている。

⑥ 声の大きな人の意見が通っている。

⑦ 決めたことを後で覆す人がいる。

⑧ 会議の記録がきちんと残っていない。

⑨ 次回までに何をするのかが不明確である。

⑩ 決まったことが実行されない。　　　　　　　　（出典：三田地 2013 p. 90）

　試しに、自身が「うまくいかない話し合い」と感じられる会議を一度録音して後から聞き直してみると、その進み具合が大方、成り行き任せ、行き当たりばったりであることに気づくと思う。ファシリテーションは、このような「成り行き任せ」の話し合いのプロセスをしっかり事前に準備して整えて臨み、また話し合っている最中にも先述した問題が起きないように、あるいは起きた時にはきちんと元の話し合いのテーマに戻れるように関わっていく技術なのである。

　表2（次ページ）には、いくつかの代表的な技術を紹介している。一つ一つは「こんなこと？」と思われる小さな手法かもしれない。しかし、このようなことを丁寧に実行していくことが「ファシリテーター」には求められている。

　このようなファシリテーションの技術を使って、学校現場においても自分が関わっている会議が見違えるほど変わったという報告はすでに複数ある（平野他 2014 など）。自身が関わっている話し合いがうまくいかないと思っているのであれば、まずは試しにこれらの技術を使って話し合いに臨んでみることを勧めたい。

表2　会議を活性化するための10のステップチェックリスト

	事前に考慮したこと	実際の結果
1．会場となる部屋をチェックした（机の配置など）		
2．記録ボードの設置		
3．付箋・メモ用紙の準備		
4．その日のスケジュールとゴールを記録ボードに書いた		
5．役割分担を決めた		
6．話し合いのルールを決めた		
7．ライブ・レコーディングをした		
8．必要な意見は十分出された		
9．意見が対立したときも理由を尋ね、参加者が皆で納得・合意した		
10．最終的な行動計画ができた		

（出典：三田地　2007　p.101）

特に特別支援教育コーディネーター向けの手引書の全文がインターネットからダウンロードできるようになっているのであわせて活用して頂きたい（三田地 2006a；三田地 2006b）。

⑹　一に実行、二に実行あるのみ！　そして、大事なことは省察

以上、学校と家庭・地域社会の連携・協働について最近の動向と、実際に連携・協働を実りあるものにするための話し合いの技術としての「ファシリテーション」について簡単に解説してきた。連携・協働を進めるためには、人が集って話し合っていくことは避けられない。話し合いなき連携はあり得ないからである。そのためにも、まずは身近な話し合いや会議を、うまくいかないと感じられる会議から意味あるものにどのように変容させられるか、一つでも二つでもよいので、ファシリテーションの技術を使って試していただければと思う。

自分が変わらなければ、つまり自分の行動を変えなければ何も変わらない。しかし、せっかく勇気を持って行動してもうまくいかない場合もあるだろう。その場合には、なぜうまくいかなかったかを省察して次に臨むことが肝要である。ぜひ、勇気を持って行動し、自ら良い連携のための話し合いの場を作っていっていただけるよう祈念している。　　　　　　　　　　　　　（三田地真実）

〈引用・参考文献〉

平野恵里・平出彦仁・三田地真実（2014）「ファシリテーションを取り入れた校内支援会議の実際」『日本共生科学会第6回大会（東京）抄録集』26-29

三田地真実（2006a）「養成研修を企画するにあたって『思い』を伝え『気づき』をもたらす研修企画デザイン」『特別支援教育コーディネーター養成研修マニュアル』国立特殊教育総合研究所　15-18

（http://www.nise.go.jp/kenshuka/josa/kankobutsu/pub_c/c-60/c-60_02_3.pdf）

三田地真実（2006b）「特別支援教育コーディネーターとファシリテーション」『特別支援教育コーディネーター養成研修マニュアル』国立特殊教育総合研究所　19-25

（http://www.nise.go.jp/kenshuka/josa/kankobutsu/pub_c/c-60/c-60_02_4.pdf）

三田地真実（2007）『特別支援教育　連携づくりファシリテーション』金子書房

三田地真実（2013）『ファシリテーター行動指南書──意味ある場づくりのために』ナカニシヤ出版

文部科学省（2015）「新しい時代の教育や地方創生の実現に向けた学校と地域の連携・協働の在り方と今後の推進方策について（答申）」（中教審186号）

文部科学省（2016）「学校と地域の連携・協働に関する　参考資料」

文部科学省（2018）『地域学校協働活動ハンドブック』

文部科学省（2018）『「家庭教育支援チーム」の手引書』

$$第\ 8\ 節$$

道徳教育

(1) 「特別の教科　道徳」（「道徳科」）

① 「道徳の時間」から「特別の教科　道徳」（「道徳科」）へ

１）「特別の教科　道徳」

　道徳教育において「道徳の時間」として実施されてきた道徳の学習指導が、平成29年度の学習指導要領の改訂に伴い、「特別の教科　道徳」（以下「道徳科」）として教育課程に位置付けられた。「道徳科」の学習は、学校における道徳教育の目標に基づいて行われる。道徳教育の目標は、「教育基本法及び学校教育法に定められた教育の根本精神に基づき、自己の生き方（筆者注：中学校は「人間としての生き方」）を考え、主体的な判断の下に行動し、自立した人間として他者と共によりよく生きるための基盤となる道徳性を養う」ことである（「小学校学習指導要領　総則」以下「総則」。中学校も同様）。改訂に当たっては、「これまでの『道徳の時間』を要として学校の教育活動全体を通じて行うという道徳教育の基本的な考え方を今後も引き継ぐとともに、道徳科を要として道徳教育の趣旨を踏まえた効果的な指導を学校の教育活動全体を通じてより確実に展開することができるよう、道徳教育の目標等をより分かりやすい表現で示すなど」の改善を図ったとされている（『小学校学習指導要領解説　特別の教科　道徳編』）。

　学習指導要領では、「各教科」とは別に「第３章　特別の教科」（「道徳科」）として位置付けられている。「道徳科」と「道徳の時間」との違いは、検定教科書を使用し、道徳科の評価を行って指導要録に記録を残すことになったこと

の２点である。なお、数値による評価は行わず、内申等にも用いないことと
なっている。

　２）「道徳の時間」から「道徳科」へ

　「道徳の時間」は、昭和33年（1958年）に、学校の教育活動全体を通じて行
う道徳教育を「補充、深化、統合」するために、教育課程の一領域として特設
された。特設に当たっては、戦前の「修身科」の復活や、道徳的価値の押し付
けの懸念などをめぐって議論され、それがその後の道徳教育の在り方にも影響
を及ぼしてきた。今回の「特別の教科」としての教科化に当たっても、「いま
だに道徳教育そのものを忌避しがちな風潮があること、他教科に比べて軽んじ
られていること」などの問題があることが指摘されている（道徳教育の充実に関
する懇談会「今後の道徳教育の改善・充実方策について（報告）」平成25年）。

　その一方で、道徳教育については、平成10年の中教審答申「新しい時代を
拓く心を育てるために」など、その充実の必要性が繰り返し叫ばれてきた。子
どもたちの社会性の不足や規範意識の希薄化などの問題が指摘されるとともに、
「いじめ問題」の深刻化を背景に、平成13年からは道徳教育の副教材として
『心のノート』が配付され、平成26年には『私たちの道徳』として全面改訂さ
れた。前後して、教育改革国民会議（平成12年）や教育再生実行会議（平成25
年）により「道徳の教科化」が提言され、今回の改訂に至っている。

　「教科化」に当たっては、様々な議論や提言があったが、文科省によるパブ
リックコメント等を経て、平成27年に学習指導要領の一部改訂により「特別
の教科」として位置付けられた。

　②　道徳科の目標と学習内容

　１）道徳科の目標

　「特別の教科」として位置付けられた「道徳科」の目標は、総則における道
徳教育の目標に基づいて、「よりよく生きるための基盤となる道徳性を養うた
め、道徳的価値の理解を基に、自己を見つめ、物事を多面的・多角的に考え、
自己の生き方についての考えを深める学習を通して、道徳的な判断力、心情、
実践意欲と態度を育てる」（「小学校学習指導要領 第3章 特別の教科道徳」以下「学習

指導要領道徳科」。中学校も同様）こととされている。

　「道徳の時間」では、その目標に「道徳的実践力を育成する」ことが示され、「道徳的実践力」は、「道徳的価値を実現するための適切な行為を主体的に選択し、実践することができるような内面的資質」であり、「主として、道徳的心情、道徳的判断力、道徳的実践意欲と態度を包括する」とされていた（平成20年『小学校学習指導要領解説　道徳編』）。しかし、「総則」における道徳教育の目標にも「道徳的な心情、判断力、実践意欲と態度など」の「道徳性」の育成が示されており、それらの関係が分かりにくいとの指摘があった。今回の改訂において、道徳教育と道徳科の目標が「道徳性」を養う観点に立って整理され、道徳教育の構造が明確になった。道徳教育に係る議論を整理して、その基盤を共有する可能性が拓かれたといってよい。

　２）学習内容

　道徳科の学習内容は、改訂前と同様四つの視点から構成されている。視点の順序が一部変更され、「Ａ　主として自分自身に関すること」「Ｂ　主として人との関わりに関すること」「Ｃ　主として集団や社会との関わりに関すること」「Ｄ　主として生命や自然、崇高な物との関わりに関すること」となっている。改訂前は、Ａ、Ｂ、Ｄ、Ｃの順であった。学習者である児童生徒の立場から見て同心円的に対象が広がっていく順序構成になっている。指導に当たっては、これらの内容が相互に関連し合っていることに留意する必要がある。

　学習内容は、児童生徒が「人間として他者とよりよく生きていく上で学ぶことが必要と考えられる道徳的価値を含む内容を、短い文章で平易に表現」（『小学校学習指導要領解説　特別の教科　道徳編』）しており、学習する内容を端的に表す言葉が付記されて全体像が把握しやすくなった。

　例えば、小学校低学年の場合、次ページの表１のようになっている。

　学習内容には、いじめ問題への対応をふまえて、例えば小学校第１学年及び第２学年には「自分の特徴に気付くこと」「自分の好き嫌いにとらわれないで接すること」、第３学年及び第４学年には「自分の考えや意見を相手に伝えるとともに、相手のことを理解し、自分と異なる意見も大切にすること」「誰に

表1　　　　　　　　　　　　　　　　　　　※（19）は項目数

	小学校第1学年及び第2学年　（19）
A　主として自分自身に関すること	
善悪の判断、自律、自由と責任	（1）　よいことと、悪いこととの区別をし、よいと思うことを進んで行うこと。
正直、誠実	（2）　うそをついたりごまかしたりしないで、素直に伸び伸びと生活すること。

（以下省略）

対しても分け隔てをせず、公正、公平な態度で接すること」などの内容が新たに加えられた。「いじめ問題」への対応を背景とした改訂だが、道徳教育が効果的に対応できるかどうかは実践的な検討が必要であろう。

⑵　「考え、議論する道徳」への転換

「道徳の時間」を「特別の教科道徳」として位置付けるに当たって、課題として示されたのは、「考える道徳」「議論する道徳」への質的転換である。

道徳教育は、先に見たように「道徳の時間」の特設以来、「特定の価値を押し付けようとするものではないか」といった批判など、議論の対象となってきたところである。中教審答申は、「価値を押し付ける」ような指導は道徳教育が目指す方向の対極にあるものとして、「多様な価値観の、時に対立がある場合を含めて、誠実にそれらの価値に向きあい、道徳としての問題を考え続ける姿勢こそ道徳教育で養うべき基本的資質である」としている（「道徳に係る教育課程の改善等について（答申）」）。

このことをふまえて示された課題が、「考える道徳」「議論する道徳」への質的転換である。目指すのは、「答えが一つではない道徳的な課題」について話し合い、一人一人が「自分自身の問題と捉え向きあう」、「主体的・対話的な学び」である。あるいは、「考え」「議論する」ことにより、道徳的な課題にアプローチする多様な学習の在り方を実現することによる道徳性の育成である。

「主体的・対話的な学び」については、例えば「対話的な学び」は、「子供同士の協働、教職員や地域の人との対話」、「先哲の考え方を手掛かりに考える」

ことを通じて、「自己の考えを広げ深める」学びだとされている（「総則」）。改訂の趣旨をふまえて道徳の授業の充実を目指す上で、このような捉え方を手掛かりに、道徳の学習の在り方を構想し、共有することができるかどうか、それが実践上の課題となろう。

　これまでの道徳教育（「道徳の時間」）の経緯を振り返ると、「充実した指導を重ね、確固たる成果を上げている優れた取組」の一方で、「道徳の時間の特質を生かした授業が行われていない場合」があり、「学校や教員によって指導の格差が大きい」ことが問題とされる現状も指摘されていた（中央教育審議会 2014）。道徳教育の充実を図る上での課題はもとより、そもそも道徳教育の基盤が共有されているとはいえないところに、他の教科とは異なる難しさがあったといってよい。

　また、価値観の多様化といわれる今日の状況の下で、道徳科のねらいとする道徳的な価値自体が「考え」「議論する」対象となる場合もある。子どもたちの話合いや、話合いを通じて深められる（はずの）一人一人の考えが、教師が授業のねらいとする「道徳的価値」に収束しない場合もあり得る。他の教科では、学問的な裏付けを支えとする「正解」が前提となっていようが、「答えが一つではない」学習の展開にどう対応するか、道徳科の学習指導の課題であろう。道徳教育が育成を目指す「道徳性」の観点から、子どもたちの道徳的な問題解決のアプローチに対する教師のスタンスが問われるところである。

⑶　道徳科の学習指導と評価

①　学習指導

　道徳科の学習指導においては、「道徳的価値についての理解を基に、自己を見つめ、物事を多面的・多角的に考え、自己の生き方についての考えを深めることで道徳性を養う」特質を考慮した学習過程の工夫が求められる。「解説」では、これまでと同様に、「導入」「展開」「終末」から構成される学習過程が示され、改訂の趣旨をふまえて、例えば「展開」に関して、「多面的・多角的に考えたり」、「自分との関わりで道徳的価値を理解したり」、「自己を見つめ

る」などの観点が示されている。

学習指導に当たっては、児童生徒の実態や指導の内容、意図、教材の特質などに応じて柔軟な授業構想が求められ、「多様な教材を生かした指導」、「体験の生かし方を工夫した指導」「各教科との関連をもたせた指導」など多様な展開の観点が例示されている。

また、「道徳教育に係る評価等の在り方に関する専門家会議」の報告『「特別の教科　道徳」の指導方法・評価等について』（以下「報告」）では、「考える道徳」「議論する道徳」など、道徳教育の質的転換に当たって、「質の高い多様な指導方法」として、「読み物教材の登場人物への自我関与が中心の学習」「問題解決的な学習」「道徳的行為に関する体験的な学習」が示されている。例示に当たっては、他にも様々な指導方法があることを前提として、「改訂の趣旨」に基づいて、「学校の実態、児童生徒の実態を踏まえ、授業の主題やねらいに応じた適切な指導方法を選択することが重要」であるとされている。

改訂に伴う目標の明確化や学習内容の整理、指導の観点や学習方法の例示によって、道徳の学習指導を検討し、改善・充実を目指す基盤が整えられたといってよい。道徳教育、道徳科の学習の意義を共有し、「他者とともによりよく生きる」観点から、道徳科の学習過程を工夫し、充実を図ることが求められる。

②　学習例（「にわのことり」の場合）

質的な転換が課題となっている道徳科の学習について、小学校低学年の定番教材ともいえる、「にわのことり」を例に考えてみたい。そのあらすじを示す。

山の小鳥たちのもとへ、やまがらから誕生会への招待状が届く。ところが、同じ日にうぐいすの家で音楽会の練習がある。小鳥たちはみな、明るくてごちそうのあるうぐいすの家へ行ってしまう。

みそさざいは迷っていたが、みんなと同じようにうぐいすの家へ行く。しかし、みそさざいは、誕生会に招待してくれたやまがらのことが気になって仕方がない。迷った末に、みそさざいはこっそり抜け出し、やまがらの家へと向かう。やまがらは大喜びし、みそさざいは来てよかったと思う。

「にわのことり」は、「主として人との関わりに関すること」の教材として位置付けられ、「友情、信頼」に関して、「友だちと仲よくし、助け合うこと」が指導の観点として示されている。この教材を収録している教科書の別冊のワークブックでは（例えば学校図書版）、「（やっぱり、きてよかったな。）とおもった、みそさざいは、どんなきもちに　なったのでしょう」が「かんがえよう」の問いとして、「ともだちに　やさしく　されたり、やさしく　した　ときに　かんじた　ことを　はっぴょうしましょう」が「みつめよう」の問いとして示されている。改訂の趣旨をふまえて、自己との関わりで道徳的な価値について考えることを意図して構成されたワークシートなのであろう。

　実践例も多くは、こうした問いを柱として、「友だちと助け合った」経験やそのときの「思い」として、学習をまとめる展開になっている。教材の意図もそこにあるのだろうが、この教材を「考える道徳」「議論する道徳」の観点から、あるいは「多面的・多角的に考える」観点から検討してみるとどうだろうか。やまがらの誕生日会と音楽会の練習とが重なったことを知った小鳥たちに迷いはなかったのか。あるいは、「こっそりと抜け出した」みそさざいの行動はどう考えればよいのか。

　子どもたちが、このような問いや疑問を表明したときに、あるいは、子どもたちの話合いが教師が期待する「友だちと仲よくし、助け合おうとする心情」に向かうこととは別の展開になったときにどう対応するか、道徳的な価値についての学習の在り方として検討が必要であろう。道徳科の学習が「道徳的価値の理解を基に」展開されるにしても、価値の理解が一義的に特定できることなのかどうかは検討が必要である。道徳科の評価とも関連する課題として、従来の教科の学習における「知識・理解」と同様に捉えてよいのかどうか、「道徳的価値の理解」について考えてみることが必要である。

③　道徳科の評価

１）道徳教育における評価の現状

　道徳の「教科化」における論点の一つが「評価」であった。道徳の学習に関する評価については、従来から言及されてきたところであり、直近の学習指導

要領では「児童（生徒）の道徳性については、常にその実態を把握して指導に生かすように努める必要がある。ただし、道徳の時間に関して数値などによる評価は行わないものとする」（平成20年度版「学習指導要領」第3章 第3）とされている。

　しかし、「報告」でも指摘されているように、「道徳の時間における児童生徒に関する評価についての実践や研究が各学校等において組織的・計画的に進められてこなかった」ところである。実際、筆者が承知している限りでは、文科省の道徳教育実施状況調査などでも「評価」に関する調査項目はなかったはずである。「道徳の時間についても、児童生徒の実態を把握し、それを指導に生かして授業改善を行うことが求められている」との認識が共有されているとは言えないのが、これまでの学校の実状であろう。

　道徳教育の評価については、特設の当初から「指導の成果を絶えず評価し、指導の改善に努めること」となってはいた（道徳教育に係る評価等に関する専門家会議資料「学習指導要領、指導書、指導上の諸問題、解説に示された評価の概要」）。しかし、先に述べたような道徳教育の経緯から、実際にはほとんど実施されてこなかったといってよい。経験的には、指導要録や通知表の「行動の記録」の記載に当たって、道徳的な観点が参照される程度であった。

　道徳科の学習の評価を指導要録に文章で記録したり、通知表によって保護者や児童生徒に学習の状況を知らせたりするに当たっては、改訂の趣旨をふまえて評価の意義やあり方を共有し、学校としての方針を具体化することが求められよう。

2）評価の基本的な考え方

　「道徳科」の評価は、総則における「学習評価」の考え方に基づいて、「教師が自らの指導を振り返り、指導の改善に生かしていく」ことが基本である。評価に当たっては、従前の考え方を前提に、「児童（生徒）の学習状況や道徳性に係る成長の様子を継続的に把握し、指導に生かすように努める必要がある。ただし、数値などによる評価は行わない」とされている。

　児童生徒に関しては、道徳性に係る一人一人の成長を見取るとされ、道徳科

の学習状況に着目して、「年間や学期といった一定の時間的なまとまりの中で」、成長の様子を把握することが基本となっている。「年間や学期」との例示はあるが、ここでいう「一定の時間的なまとまり」をどう考えるかについて特に定めはない。学校が判断することになるが、地教委等が何らかの枠を示すこともありうる。そのような規制が道徳教育の趣旨からみて適切かどうかは検討すべきだが、いずれにしても、何らかの形で評価を行う場合、「個人内評価として見取り、記述により表現する」ことが基本である。

　3）学習の見取りと「個人内評価」

　道徳科における「個人内評価」とは、「他の児童生徒との比較ではなく、児童生徒がいかに成長したか」を「認め、励ます」評価である。その場合、「児童生徒の人格そのものに働きかけ、道徳性を養うことを目的とする」ことから、例えば「道徳的判断力」「心情」「実践意欲と態度」などに「分節化」し「観点別評価」として見取ろうとすることは適当ではないとされている（「報告」）。

　道徳科における学習の状況や道徳性に係る成長の「見取り」については、「学校や児童の実態」「教師の明確な意図」「学習指導過程や指導方法の工夫」と併せて考えることとなっている。「解説」で例示されているように「発言や感想文、質問紙の記述等」から見取るにしても、教科の学習における「評価規準」に相当するような、成長に係る何らかの指標が必要になるのではないかと考えられる。

　また、道徳科の評価については、「入学者選抜の合否判定に活用することのないようにする」と通知され（平成28年）、教師が指導の改善に役立てる以外には、個々の道徳的な成長に係る学習状況の評価として限定されている。その場合、教師がその指導意図に基づいて児童生徒の学習状況を捉え、児童生徒個々の「道徳性」の変化を把握したとして、それが学習者である当の児童生徒にとってどのような意義をもつのかは別な問題である。言い換えれば、所定の学習内容に基づいて「道徳性」に係る成長の様子を捉え、評価するとして、それが「人格そのものに働きかけ」るものだとすると、働きかけられる当の児童生徒、保護者の受け取り方の任意性をどう考えたらよいのか、という問題である。

道徳科の評価の性格や方法についての議論は盛んだが、価値観の多様化が前提となる今日の状況の下では、他の教科と異なり、道徳科の学習項目に関して想定される価値内容については、必ずしも社会的なコンセンサスが成立しているとは言い難い。学習指導要領に示されていることをもって道徳科の学習内容の正当性が担保されるのかどうか、議論の分かれるところであろう。そのような内容を学習する評価が児童生徒にとってどのような意義があるのかについて、道徳教育の目標である、「自立した人間として他者と共によりよく生きる基盤となる道徳性を養う」観点から、評価の必要性も含めてあらためて検討する必要があろう。

⑷ 「共によりよく生きる」規範の共有を目指して

　今回の学習指導要領の改訂では、一人一人の発達を支援する観点から学級経営の充実が課題として示されるなど、「主体的・対話的で深い学び」に係る人間関係の形成が求められている。人間関係の形成に当たっては、互いに安心して関わり合うことができる、規範的な拠り所の共有が基盤となろう。

　学級（をはじめとする学びの場）における相互の関係において求められるのは、道徳教育が目標とする「自立した人間として他者と共によりよく生きる」構えであり、その基盤となる規範である。道徳性を育む道徳教育の充実を目指したい。

　　　　　　　　　　　　　　　　　　　　　　　　　　　　（大隅心平）

〈引用・参考文献〉
文部科学省（2017a）「小学校学習指導要領」
文部科学省（2017b）「中学校学習指導要領」
文部科学省（2017c）『小学校学習指導要領解説　総則編』
文部科学省（2017d）『小学校学習指導要領解説　特別の教科　道徳編』
文部科学省（2017e）『中学校学習指導要領解説　総則編』
文部科学省（2017f）『中学校学習指導要領解説　特別の教科　道徳編』
道徳教育に係る評価等の在り方に関する専門家会議（2016）「『特別の教科　道徳』の指導方法・評価等について（報告）」
中央教育審議会（2014）「道徳に係る教育課程の改善等について（答申）」

英語教育

⑴　はじめに

　2017年（平成29年）に小学校学習指導要領及び中学校学習指導要領が告示され、2018年（平成30年）には高等学校学習指導要領が告示された。これらの学習指導要領は2020年に小学校から順次実施されることになった。今回の学習指導要領では、今までの知・徳・体にわたる「生きる力」をより具体化し、全ての教科等の目標及び内容が「知識及び技能」、「思考力、判断力、表現力等」、「学びに向かう力、人間性等」の三つの柱で再整理された。

　外国語教育については、小学校において第５学年と第６学年で「外国語」として教科化され、「外国語活動」は第３学年、第４学年で行うこととなった。また、小、中、高の外国語の領域が、「聞くこと」、「話すこと［やりとり］」、「話すこと［発表］」、「読むこと」、「書くこと」の五つの領域となった。

　今後各学校において外国語教育を推進していくには、小、中、高の接続を意識しなければならない。また、小、中、高等学校の外国語目標で共通しているのは、「コミュニケーションにおける見方・考え方を働かせ、外国語による聞くこと、読むこと、話すこと、書くことの言語活動」という部分である。

　ここでは中学校の外国語を中心に、「コミュニケーション」についての再確認と、小学校、高等学校との接続を意識しながら今後の外国語教育（以下「英語教育」）の授業について探っていくこととする。

⑵ コミュニケーションを図る資質、能力

小学校外国語活動・外国語、中・高等学校外国語の目標は次のとおりである。

小学校外国語活動	小学校外国語	中学校外国語	高等学校外国語
外国語によるコミュニケーションにおける見方・考え方を働かせ、外国語による<u>聞くこと、話すこと</u>の言語活動を通して、コミュニケーションを図る<u>素地となる資質・能力</u>を次のとおり育成することを目指す。	外国語によるコミュニケーションにおける見方・考え方を働かせ、外国語による<u>聞くこと、読むこと、話すこと、書くこと</u>の言語活動を通して、コミュニケーションを図る資質・能力を次のとおり育成することを目指す。	外国語によるコミュニケーションにおける見方・考え方を働かせ、外国語による聞くこと、読むこと、話すこと、書くことの言語活動を通して、<u>簡単な情報や考え方などを理解したり表現したり伝え合ったり</u>するコミュニケーションを図る資質・能力を次のとおり育成することを目指す。	外国語によるコミュニケーションにおける見方・考え方を働かせ、外国語による聞くこと、読むこと、話すこと、書くことの言語活動<u>及びこれらを結び付けた統合的な言語活動を通して</u>、情報や考え方などを<u>的確に理解したり適切に表現したり</u>伝え合ったりするコミュニケーションを図る資質・能力を次のとおり育成することを目指す。

（下線は筆者による）

内容的には、それぞれの発達段階でより高度な目標へと移行している。基本となっているのは小学校外国語活動の目標と考えることができる。小学校外国語活動では、「聞くこと」、「話すこと」の言語活動が中心であり、高学年の「コミュニケーションを図る資質・能力」の「素地」という、下位の目標となっている。

このように、外国語の目標は小、中、高等学校がそれぞれ別のものではなく、小学校から高等学校まで続いており、各校種でそれぞれの接続を考えた英語教育を進めていく必要がある。また、各校種において共通することは「コミュニケーションを図る資質・能力の育成を図る」ということである。

(3) 中学校学習指導要領に見るコミュニケーション

英語教育においてコミュニケーションという言葉は、中学校においては1989年（平成元年）の学習指導要領から使われている。「コミュニケーション」に焦点を当ててその変遷を見てみよう。

平成元年	外国語で積極的にコミュニケーションを図ろうとする積極的な態度を育てる。
平成10年	積極的にコミュニケーションを図ろうとする態度の育成を図り、聞くことや話すことなどの実践的コミュニケーション能力の基礎を養う。
平成20年	積極的にコミュニケーションを図ろうとする態度の育成を図り、聞くこと、話すこと、読むこと、書くことなどのコミュニケーション能力の基礎を養う。
平成29年	外国語によるコミュニケーションにおける見方・考え方を働かせ、外国語による聞くこと、読むこと、話すこと、書くことの言語活動を通して、簡単な情報や考えなどを理解したり表現したり伝え合ったりするコミュニケーションを図る資質・能力を次のとおり育成することを目指す。

「コミュニケーション」に関しては10年ごとの学習指導要領でその捉え方がより具体的になっているが、1989年（平成元年）、1998年（平成10年）ではコミュニケーションは「聞くこと」、「話すこと」を中心として考えられてきた。2008年（平成20年）では「読むこと」、「書くこと」のコミュニケーションが加わった。

それから10年がたち、2017年（平成29年）の学習指導要領では、「外国語によるコミュニケーションにおける見方、考え方を働かせ、外国語による聞くこと、読むこと、話すこと、書くことの言語活動を通して、簡単な情報や考え方などを理解したり表現したり伝えあったりするコミュニケーションを図る資質・能力」と、より具体的になったが、現在でもコミュニケーションは「聞くこと」、「話すこと」が中心として捉えられている傾向があるようだ。

英語教育におけるコミュニケーションが、「コミュニケーション＝聞くこと、話すこと」ではないことは、2008年（平成20年）の学習指導要領で触れられているが、完全実施が2012年（平成24年）である。それから10年が経過し、頭の

中では理解していても、「聞くこと」、「話すこと」、「読むこと」、「書くこと」のコミュニケーションについて実際の授業で十分な成果が上がっているかと問われると、自信をもって「そうだ」とは言えない部分もありそうだ。

今後も引き続き「コミュニケーション能力の育成」に向けてより一層の工夫と授業実践が望まれる。

⑷　コミュニケーション能力

コミュニケーション能力については、CanaleとSwain（1980）の捉え方が英語教育では一般的で、以下の四つがコミュニケーション能力の要素として挙げられている。

①　文法能力（Grammatical Competence）

文法能力とは、語彙，語形成，文形成，発音，つづり字，文の文字どおりの意味など（言語形式）に関する知識とその知識を使う能力をいう。

言語形式の学習は、いわゆる「文法訳読法」の指導法の時代には中心的に扱われていた能力である。高校入試、大学入試の影響もあり、言語形式の修得が1989年（平成元年）の学習指導要領でコミュニケーションという言葉が現れる前まで、長い間英語の授業で扱われていたといっても過言ではないだろう。

文法や文型などの言語形式の学習は、それ自体が目的ではなく、コミュニケーションのために学ぶということを意識しなければならない。小学校においても言語材料が示され、中学校における言語材料と合わせてコミュニケーション活動に生かしていくことが必要である。

②　社会言語能力（Sociolinguistic Competence）

社会言語的能力とは、コミュニケーションが交わされる場面や目的、話し手と聞き手との関係などに応じて、適切な形式と内容を用いて言語を使う能力をいう。「相手がどうやら憤慨しているようだ」とか「きちんとした言葉遣いがここでは必要だ」などのように、会話が行われている状況を的確に判断して、コミュニケーションを行う能力である。この能力は家族や友達との会話や遊びなどを通して自然に身に付くものであり、コミュニケーションを行う上で最も

基本的な能力である。

実際の教科書においてもこの社会言語能力に関する会話例が見られる。

Nick	：	Hi, Mom. Hi, Dad.
Mrs. Rios	：	Good morning, Nick.
Mr. Rios	：	Which do you want, toast or pancakes?
Nick	：	<u>Pancakes!</u>
Mrs. Rios	：	<u>Pancakes, *please.*</u>
Nick	：	<u>Sorry. Pancakes, please.</u>
Mr. Rios	：	Good. Here you are.
Nick	：	Thanks.

（光村図書 2017）＜下線は筆者＞

両親と子供の朝食での会話の部分であるが、社会言語能力の具体例として挙げることができる。授業においてもこの部分を文化的背景として捉えて生徒に指導することが望まれる。

小学校の段階から、授業の中でペアワークの際など、Hi, ○○. How are you? などの挨拶から活動を始めさせる習慣を付けることで、中学校での活動や実際に外国人との会話を交わす際に、身に付いた能力として自然にコミュニケーションの中で生かせるようになるであろう。

③　談話能力（Discourse Competence）

談話能力とはいくつかの文を適切に組み合わせて意味的にまとまりのある情報を発信する能力や、会話や文章の流れから話し手や書き手の意図を的確に判断し理解する能力をいう。

会話が始まり、相づちを打ったり、話題の転換を図ったりして発言の順番を取りながら会話を継続し、会話を終了する。授業の中では、会話の時間が短くてもこの一連の流れで会話できるような活動を工夫したいものである。

"Can you play tennis?" "Yes, I can. / No. I can't." だけの会話で談話能力を育てることはできない。小学校の外国語活動や外国語科においては、基本的な答え方の練習をしっかりすることは大切である。その際にも単に、"Yes, I can. / No. I can't." だけで終わるのではなく、

```
T  :  Oh, you can play tennis. Are you a good tennis player?
S  :  No.
T  :  Try your best. You can play tennis very well.
```

などのように会話を続けることを教師がリードし積み重ねていくことで、小学校外国語、中学校外国語において徐々に談話能力が育まれてくる。

中学校においては、「＋１センテンス」を生徒に要求し慣れさせるとよりコミュニカティブな会話ができるようになるだろう。

```
A  :  Can you play tennis?
B  :  "Yes, I can. I am a member of the tennis club in my school.
       I like tennis very much. How about you?"
A  :  I can't play tennis. But I can play soccer. Do you like soccer?
B  :  Yes, I do. I like soccer, too. My father can play soccer very well.
A  :  Oh, that's great.
```

中学校段階で「＋１センテンス」を継続してこのような会話が生徒同士でできるならば、高等学校においてもその目標達成につながってくる。

また、談話能力については、意味関係のつながりということも大切である。例としてはすでに一般化している感じはあるが、"Do you have a pen?" の応答は "Yes, I do. / No, I don't." ではなく、"Sure. Here you are." とペンを差しだす動作を示すことで、コミュニケーションとして成り立つことになる。

なお、『中学校学習指導要領解説　外国語編』の２－３「(エ) 話すこと [やりとり]」の中に、会話を継続・発展させるために必要なことや小学校外国語科との関連、指導上の留意点などが記載されているので参照してほしい。

④　ストラテジー能力（Strategic Competence）

実際のコミュニケーションでは、互いに伝えたいことがうまく伝わらないことがよくある。そのようなときには繰り返しや言い換え、ジェスチャーなどを活用して、意思の疎通を図り、コミュニケーションを続けようと努力する。ストラテジー能力（方略的能力）はこのようにコミュニケーションの過程で起こる様々な障害に対処し、コミュニケーションをうまく進めていく能力をいう。

このストラテジー能力は、言語能力が十分に身に付いていない場合に、特に役立つ能力である。外国語学習の初期の段階で、ストラテジー能力に関わる指導を十分に行うことは、コミュニケーション能力を高める上で有効な方法である。

　これには教師側の姿勢も重要である。中学校、高等学校では、「授業は英語で行うことを基本とする」とされているので、教師が英語を使う頻度も多くなってくる。生徒の学習状況を把握し、理解が不足していると思われるときには、易しい英語で言い換えたりジェスチャーを交えて生徒に伝えようとしたりする姿勢を積極的に示すことが重要である。

⑸　コミュニケーション活動

　1989年（平成元年）の学習指導要領の改訂で、外国語の目標に「コミュニケーション」という用語が用いられ始めて以来、各学校の英語の授業において、ＡＬＴとの授業やゲーム的な要素をもたせた活動、ＶＴＲ教材や視聴覚機器の使用など、様々な「コミュニケーション活動」が行われている。

　Littlewood（1981）は「段階的なコミュニケーション活動」として次のように提示している。

　①言語材料を繰り返し練習し、定着させるための「文型練習」

　②ゲームなどのルールに沿った英語使用に留まった「擬似コミュニケーション活動」

　③ある場面を想定し、自分の興味や判断に基づいて英語を使用する「機能的コミュニケーション活動」

　④英語使用が教室内だけではなく、現実の世界につながっていく可能性がある「社会的相互活動」

　文型練習の例としてはパターンプラクティスがある。文型練習のための下位活動の一つとして、英単語とその意味を書かせる活動を授業の導入時に継続して行い、コミュニケーションで「使える」語彙を増やす。文型練習では、目標文、あるいは、単語の入れ替えをした文を生徒一人一人が発表できるような指導を行う。

擬似コミュニケーション活動の活動例としてはインフォーメーション・ギャップを利用したゲームなどがある。これらは言語習得のためには必要な活動であるが、目標文の練習と定着が目標であり、「実践」をねらいとしたコミュニケーション活動ではない。

　これに対し、機能的コミュニケーション活動の活動例としてShow & Tell、社会的相互活動の活動例としてメール交換などがある。これらの活動は英語表現を総合的に使用でき，情報の内容伝達に一層意識が向けられ、より実際の場面に即した活動となる。

　小学校の段階ではゲーム的活動が多く実施されているところであるが、小学校中学年での外国語活動では、「コミュニケーションを図る素地となる資質・能力」の育成という目標に対して有効な活動だと思われる。小学校高学年の外国語科においてもゲーム的な活動を通して指導を行うことは可能であるが、ゲーム的活動がゲームで終わってしまってはいけない。例えば、ペアで活動した内容をグループ内で発表する、ほかの人にその活動で得た内容を紹介するなどの別の活動を加えることでより一層効果的に活用することができる。中学校ではこのような学習をさらに充実させていくことが重要である。

　「段階的コミュニケーション活動」は小学校中学年・高学年、中学校のそれぞれの学年で段階的に行えるようにするとともに、小学校、中学校、高等学校と長期的な段階も踏まえて考えていく必要がある。

(6)　英語の授業は英語で行う

　1989年（平成元年）告示の学習指導要領から、「コミュニケーション」の言葉が現れ、従来の「文法訳読式」からその路線を変えてきている。それにともなって、中学校の授業も「コミュニケーション活動」を中心にした授業展開が研究され、授業をできるだけ英語で進めようという考え方が生まれ多くの実践がなされてきた。

　高等学校では、2009年（平成21年）告示の学習指導要領で、「授業は英語で行うことを基本とする」と明記された。このような流れの中で、2017年（平成

29年）3月告示の中学校学習指導要領でも「授業は英語で行うことを基本とする」とされ、教師が英語で授業を行える指導力がますます求められている。「授業は英語で行うことを基本とする」とは「生徒が日常生活において英語に触れる機会が非常に限られていることを踏まえ、英語による言語活動を行うことを授業の中心に据えることを意味する。さらに、教師が授業中に積極的に英語を使用することが、生徒の英語使用を促すことにつながり、生徒とのやり取りが豊富になる。言語活動においては、ウでも述べた『実際に英語を使用して互いの考えや気持ちを伝えあうなど』のコミュニケーションが中心となることから、生徒が積極的に英語を使って取り組めるよう、まず教師自身がコミュニケーションの手段として英語を使う姿勢と態度を行動で示していくことが肝心である」としている（文部科学省 2018）。

　生徒の日常を考えると、確かに英語に触れ、使用する機会は限られている。授業の中で、できるだけ生徒の英語使用を増やすことや、生徒とのinteractionを通してコミュニケーションを図ろうとする姿勢と態度を生徒に示していくことが大切であり、それが教師の役割でもあると考える。

　小学校外国語活動や外国語科においても児童はすでに英語での音声を中心とした活動で英語使用を経験してきており、これらの児童の学習意欲や能力を、中学校の学習にどのようにつなげていくのかが中学校の大きな課題の一つと言えるだろう。

　英語の授業を英語で行うことを基本として授業を進めることにおいて、注意しなければならないことは、学習指導要領にも明記されているように、「生徒の理解の程度に応じた英語を用いるようにする」ことである。いわゆるClassroom Englishはもとより、生徒に対する指示や教科書の内容確認などについても生徒にわかる英語を使うようにすることが大切である。活動場面や内容によって必要な表現や語句については、未習のものでも生徒の負担にならないよう配慮しながら使用することも可能であろう。

　また、コミュニケーションのストラテジー能力の考え方を生かし、易しい言葉で言い換えたり、ジェスチャーや表情を加えたりするなど、いろいろな方法

で生徒に伝えようとする姿勢が重要である。くれぐれも、教師の説明や指示を理解できていない生徒がいたとしても、例えば、「"Open your textbooks to page 24."はい、教科書24ページを開いて」というようなことがないようにしたい。

　また、日本語の使用については、英語で授業を行うポイントは「英語に触れる機会」、「実際のコミュニケーションの場面」であるので、必要があれば補助的に使用することは可能であり、その方が効果的な場合も十分考えられる。

　教師が、「話す・聞く・読む・書く」ことで、積極的に英語を使用することが生徒の英語使用に直接影響し、豊かなコミュニケーションの場を創り上げていくことになるであろう。 **（山田裕師）**

〈引用・参考文献〉
光村図書出版（2017）『COLUMBUS 21 ENGLISH COURSE ①』Unit 6 Part 2 pp.72
文部科学省（2018）『中学校学習指導要領（平成29年告示）解説 外国語編』pp.86
Canale, M. & Swain, M.（1980）Theoretical bases of communicative approaches to second language Teaching and testing. Applied Linguistics. 1(1):1-47
Littlewood, William.（1981）Communicative Language Teaching, Cambridge University Press

$$第\ 10\ 節$$

教育の情報化

(1) はじめに

　本節では、「教育の情報化」についてその内容を確認するとともに、日常の教育活動における教育情報活用の諸課題、学習指導要領（平成29・30年版）で登場した「学習の基盤となる資質・能力」の「情報活用能力」に掲げられている情報モラル、教育情報セキュリティを中心に解説する。なお、紙面の都合上、「教育の情報化」の具体については、文部科学省「教育の情報化に関する手引（令和元年12月）」を参照していただきたい。

(2) 「教育の情報化」とは

① 「教育の情報化」の構成

　「教育の情報化」は、1）情報教育（子供たちの情報活用能力の育成）、2）教科指導におけるICTの活用（ICTを効果的に活用した、分かりやすく深まる授業の実現等）、3）校務の情報化（教職員がICTを活用した情報共有によりきめ細やかな指導を行うことや、校務の負担軽減等）の3点で構成されている。あわせて、これらの教育の情報化の実現を支える基盤として、「教師のICT活用指導力等の向上」「学校のICT環境の整備」「教育情報セキュリティの確保」の3点を実現することがきわめて重要である（「教育の情報化に関する手引（令和元年12月）」より）。

② 幼稚園教育要領・学習指導要領（平成29・30年版）との関わり

　平成29・30年に改訂された幼稚園教育要領・学習指導要領において「教育の情報化」と関わる内容は以下のとおりである。

　まず、幼稚園教育要領では、「第2　幼稚園教育において育みたい資質・能力及び『幼児期の終わりまでに育ってほしい姿』(5) 社会生活との関わりにおいて」において、「（前略）また，幼稚園内外の様々な環境に関わる中で、遊びや生活に必要な情報を取り入れ，情報に基づき判断したり、情報を伝え合ったり、活用したりするなど、情報を役立てながら活動するようになるとともに（後略）」のように、情報活用に関わる内容が新たに加わった。また、「第4　指導計画の作成と幼児理解に基づいた評価　3　指導計画の作成上の留意事項」において、「(6) 幼児期は直接的な体験が重要であることを踏まえ、視聴覚教材やコンピュータなど情報機器を活用する際には、幼稚園生活では得難い体験を補完するなど、幼児の体験との関連を考慮すること」と情報機器の活用についても言及されている。

　次に、学習指導要領では、「学習の基盤となる資質・能力」として、「言語能力」「情報活用能力（情報モラルを含む）」「問題発見・解決能力」の3点が掲げられた。そのうち「情報活用能力」について、中央教育審議会答申「幼稚園、小学校、中学校、高等学校及び特別支援学校の学習指導要領等の改善及び必要な方策等について」において「世の中の様々な事象を情報とその結び付きとして捉え、情報及び情報技術を適切かつ効果的に活用して、問題を発見・解決したり自分の考えを形成したりしていくために必要な資質・能力」と定義され、その内容として、情報手段の基本的な操作の習得、プログラミング的思考、情報モラル、情報セキュリティ、統計等に関する資質・能力等が示されている。なお、「プログラミング的思考」とは、「自分が意図する一連の活動を実現するために、どのような動きの組合せが必要であり、一つ一つの動きに対応した記号を、どのように組み合わせたらいいのか、記号の組合せをどのように改善していけば、より意図した活動に近づくのか、といったことを論理的に考えていく力」のことである。

⑶ 教育情報活用の諸課題

　学校教育では、教育活動において様々な教育情報を収集し、活用している。教育情報の活用に際しては、法令を含めた基本的な知識の習得、理解が求められるが、ここでは「著作権」「個人情報、肖像権」及び「教育情報セキュリティ」について概説する。

① 著作権

　著作権は、いくつかの階層に分けて考える必要がある。まずは、「著作権法で保護される権利」がある。これには「著作隣接権」すなわち、「著作物の公衆への伝達に重要な役割を果たしている者（実演家，レコード製作者，放送事業者及び有線放送事業者）に与えられる権利」と「著作者の権利としての著作権」がある。

　続いて、「著作者の権利としての著作権」として、「著作者人格権」と「（著作者）財産権」がある。著作者人格権には、「公表権」、「氏名表示権」（実名、ペンネーム、匿名）、「同一性保持権」がある。一方、「（著作者）財産権」には、無断で勝手に複製、公衆に伝達、翻案や利用されないために、「複製権」、「頒布権」、「公衆送信権」、「翻案権」などがある。

　なお、著作権法第１条では、「この法律は、著作物並びに実演、レコード、放送及び有線放送に関し著作者の権利及びこれに隣接する権利を定め、これらの文化的所産の公正な利用に留意しつつ、著作者等の権利の保護を図り、もつて文化の発展に寄与することを目的とする。」とその目的を掲げ、「公正な利用」「権利の保護」「文化の発展」の点から著作権の行使の在り方について定められている。

　学校教育において、教師が留意すべき点として以下の点が考えられる。

１）児童生徒の作品の扱い

　著作権法において、「著作物」とは「思想又は感情を創作的に表現したものであつて、文芸、学術、美術又は音楽の範囲に属するものをいう。」（第２条①）こと、また、「著作者」とは「著作物を創作する者をいう。」（第２条②）こと

であることを知るとともに、著作権は著作物が誕生した時点で発生する権利（「無方式主義」という）であることを知る必要がある。

　つまり、児童生徒が教育活動において創作的に表現した作品も対象であり、特に著作者人格権については、作品を公表するかどうか、公表する場合、どのように氏名を表示するのか、さらには児童生徒のありのままの作品を尊重する態度が求められる。

　2）教育活動での著作物の利用

　著作権法では、著作権を制限して著作物を自由に利用することができる（「著作権の制限」という）。ただし、著作権が制限される場合でも、著作者人格権は制限されないことに留意する必要がある。教育活動に関する場合として以下の場合がある。

・私的使用のための複製（30条）

・付随対象著作物の利用（30条の2）

・図書館での複製・自動公衆送信（31条）

・引用（32条）

・教科用図書等への掲載（33条）

・教科用拡大図書等の作成のための複製（33条の2）

・学校その他の教育機関での複製等（35条）

・試験問題としての複製等（36条）

・営利を目的としない上演等（38条）　　　など

　なお、「付随対象著作物の利用」とは、いわゆる「写り込み」のことで、制限の条件として「当該写真等著作物における軽微な構成部分となるものに限る」と定められている。「学校その他の教育機関での複製等」については、営利を目的としない教育機関であること、授業を担当する教員がコピーすること、本人の授業で使用すること、複製は授業で必要な限度内の部数であること、既に公表された著作物であること、その著作物の種類や用途などから判断して、著作権者の利益を不当に害しないこと（市販の資料集、問題集、ワークブックなどが該当）、原則として著作物の題名、著作者などの「出所の明示」をするこ

とが定められている。なお、Webページは不特定多数の者が閲覧することが可能なため、たとえ教育活動目的であっても「学校その他の教育機関での複製等」には該当しないことに留意する必要がある。「試験問題としての複製等」については、「同一性保持権」を配慮して最低限度の改変にとどめることが大切である。

<参考>「フリー　イラスト」検索の問題

　最近、「フリー　イラスト」で検索した結果で表示されたイラストを広報誌等に使って、著作者等から著作権料を請求されるケースがある。判例では、「……しかし，仮に，Ｅ（被告従業員）が本件写真をフリーサイトから入手したものだとしても，識別情報や権利関係の不明な著作物の利用を控えるべきことは，著作権等を侵害する可能性がある以上当然であるし，警告を受けて削除しただけで，直ちに責任を免れると解すべき理由もない」（東京地裁判決（平成27年４月15日）より）とあるように、「フリー　イラスト」で検索した結果、表示された画像が掲載されたサイトにおいて利用方法を確認してから使用するとともに、利用法が不明確な場合は使用を控えることが大切である。

　以上のような背景から、教育活動においては、教師の日常的な著作権への配慮と児童生徒に対し著作権に関する教育を継続的に行うことが求められる。

② 個人情報、肖像権

１）個人情報

　個人情報とは、ある個人を特定できる一切の識別情報を指す。ちなみに、「個人情報の保護に関する法律」第２条では、「この法律において『個人情報』とは、生存する個人に関する情報であって、当該情報に含まれる氏名、生年月日その他の記述等により特定の個人を識別することができるもの（他の情報と容易に照合することができ、それにより特定の個人を識別することができることとなるものを含む。）をいう」と定められている。

　また、個人情報に関わる権利として、「プライバシー権」がある。かつては、「ひとりで放っておいてもらう権利」（＝個人の私生活に係る事項を他人や社会

に知られない〔好奇心の対象にならない、営利の手段に使用されない〕ことや干渉されない権利）であったが、近年では「自己についての情報をコントロールする権利（自己情報コントロール権）」（＝さまざまな機関に保持・管理されている情報の訂正、削除等を積極的に求める権利）へと考え方が変わっている。

　学校教育では、様々な個人情報を収集、活用しているが、大きく「児童生徒や保護者から提供される個人情報」と「学校が試験等で収集する個人情報」に分けられる。これらの情報をどのように収集し、保護し、活用していくかについては、教育委員会や学校においてしっかりとした実効性のあるポリシーやルール、マニュアルを整備し、順守していくことが大切である。また、教職員や児童生徒に対し、「自分についての情報」への対応法、「自分が持っている他人の情報」への責任、「他人（組織）が持っている自分の情報」のコントロールの3点において「個人情報への安全対策」に対する意識の育成を図ることが大切である。

　2）肖像権

　肖像権とは、肖像（人の姿・形及びその画像など）が持ちうる人権のことである。具体的には、すべての人に対して「人格権」として、人がみだりに自分の肖像を写真に写されたり、描かれたりしない権利（無断撮影の禁止）、写されたり、描かれたりした自分の肖像を勝手に公表されない権利（無断公表の禁止）がある。さらに、顧客吸引力をもつ著名人に対しては「パブリシティ権」、すなわち「人の氏名、肖像等は、個人の人格の象徴であるから、当該個人は、人格権に由来するものとして、これをみだりに利用されない権利を有すると解される。そして、肖像等は、商品の販売等を促進する顧客吸引力を有する場合があり、このような顧客吸引力を排他的に利用する権利（以下『パブリシティ権』という。）は、肖像等それ自体の商業的価値に基づくものであるから、上記の人格権に由来する権利の一内容を構成するものということができる」ことが最高裁判所判決（2012年2月24日）において認められている。

　学校教育においては、スマホなどの普及から日常的に写真を撮ったり、撮られたりして、インターネットを介して公開することがあり、肖像権の侵害も日常的な問題となりつつある。

肖像権の侵害の問題と対応について、現在、肖像権に関する規定はなく、過去の判例に基づいて法的に認められる。したがって、刑事事件の対応ではなく、民事事件としての救済となる。まずは、写真等がインターネットで無断に公表された場合は、掲載者等へ削除依頼をすることが大切である。

＜参考＞人物写真に関わる権利と卒業アルバム

> 　人物写真については、大きく、「①著作権」「②肖像権（人格権、パブリシティ権）」「③プライバシー権（自己情報コントロール権）」の権利が関わってくる。その他、スマホ等の普及により「情報の不可逆性」（流出した情報の回収は不可能）、「盗撮」、「無断撮影・公開」、「写り込み」などの課題についても対応が迫られる。学校では、人物写真の扱いについてルールを決めて、教職員のほか、児童生徒、保護者、学校関係者にルールの周知徹底を図ることが求められる。
>
> 　また、「卒業アルバム」についても、掲載された写真が私的利用、特に、第三者に閲覧される可能性や違法を承知とした複製、インターネット等を介して公衆送信される可能性に留意する必要がある。さらに、著作権は写真の撮影者あるいは卒業アルバムの制作者にあること、著作権は「親告罪」であることから、個人の写真の流出に関して法的対応は難しいことも知っておくことが大切である。
>
> 　また、「自己情報コントロール権」の観点から、今後は「掲載する肖像」や個人情報の提供の在り方について、児童生徒（場合によって保護者）が決定する権利も考えなくてはならない。今後、学校では、卒業アルバムの「取扱い」についての指導、さらには卒業アルバムの「制作」自体についての合意形成を図ることが求められるであろう。

③　情報セキュリティ

1）情報セキュリティとは

　情報セキュリティの基本概念として、機密性（Confidentiality）（＝情報を漏えいさせない）、完全性（Integrity）（＝情報を改ざんさせない）、可用性（Availability）（＝情報がいつでも扱える状態を保つ）がある。また、情報セキュリティの目的は

「情報資産」を「安全に守る」ことであり、具体的には、「機密情報の漏えい」、「不正アクセス」、「データの改ざん」、「情報の減失」などを防ぐことである。

2）不正アクセスの問題

他者の「不正アクセス」への対応（脅威、脆弱性）とともに、最近では、児童生徒の不正アクセス禁止法での検挙も増えていることから、教職員や児童生徒に対して、不正アクセス行為の禁止（＝他人のパスワードやＩＤを無断で使用する行為、セキュリティホールを攻撃してコンピュータに侵入する行為）、不正アクセス行為を助長する行為の禁止（＝無断でＩＤ、パスワードを第三者に提供する行為）についての研修や指導も必要である。

3）教育情報セキュリティ対策の方法

ここでは、日常的に取り組むべき教育情報セキュリティ対策の方法を紹介する。

［情報資産の重要性に応じた分類とセキュリティ対策］

「教育情報セキュリティポリシーに関するガイドライン」ハンドブックでは、情報資産をその重要性に応じて以下のように分類している。

● 重要性分類Ⅰ（セキュリティ侵害が教職員又は児童の生命、財産、プライバシー等へ重大な影響を及ぼす）

● 重要性分類Ⅱ（セキュリティ侵害が学校事務及び教育活動の実施に重大な影響を及ぼす）

● 重要性分類Ⅲ（セキュリティ侵害が学校事務及び教育活動の実施に軽微な影響を及ぼす）

● 重要性分類Ⅳ（影響をほとんど及ぼさない）

学校では、情報セキュリティ対策の基本として、学校や個人が保有している情報資産を分類整理し、その扱いについてのガイドラインを作成することが大切である。

［教職員が注意すべき行動規程］

「教育情報セキュリティポリシーに関するガイドライン」ハンドブックでは、教職員が注意すべき行動規程として以下を掲げている。

- セキュリティ事故が発生しやすい注意すべき行動
  - ・電子メール、SNS　　・情報資産の持ち出し
  - ・学校の情報端末等への外部データ等の取り込み
- 情報セキュリティレベルを維持するために「してはいけない」行動
  - ・目的外のWeb閲覧　　・設定等の勝手な変更
  - ・秘匿すべき情報の放置（閲覧、盗み）　　　など
- 児童生徒への指導事項
  - ・学校の情報端末等の持ち出し　　・学校の情報システムへの接続
  - ・ID、パスワードの管理

　学校では、全教職員の情報セキュリティに関する意識を持続的に高め、最新の情報に接することができるようにしていくことが大切である。

⑷　情報モラル教育への対応

①　情報モラルとは

　「情報モラル」とは、「情報社会で適正に活動するための基となる考え方や態度」であり、その教育の在り方は、情報化の「影」の部分を理解することがねらいなのではなく、情報社会やネットワークの特性の一側面として影の部分を理解した上で、よりよいコミュニケーションや人と人との関係づくりのために、今後も変化を続けていくであろう情報手段をいかに上手に賢く使っていくか、そのための判断力や心構えを身に付けさせる教育であることが大切である。なお、学習指導要領（平成29・30年版）総則編では、「他者への影響を考え、人権、知的財産権など自他の権利を尊重し情報社会での行動に責任をもつこと」「危険回避など情報を正しく安全に利用できること」「コンピュータなどの情報機器の使用による健康とのかかわりを理解すること」などを示している。

　参考までに、越智（2000）は、情報倫理のモラル性として、情報モラルの特質を以下のように整理している。

　1）行為の倫理——人間性を問わない

　2）消極的な倫理——悪い行為を行わない

３）結果の倫理——動機を問わない

４）知の倫理——行為の判断規準は知識や規則の側にある

５）安全の倫理——被害回避を目指す

「情報モラル」と「日常モラル」との違いは、情報モラルは「知識や規則」、さらには賞罰、社会的な非難といった「外的サンクション」に支えられたモラルである。また、その教育の在り方については、「日常モラルを育てる」「仕組み（インターネットや機器・サービス等の特性）を理解させる」「日常モラルと仕組みとを組み合わせて考えさせる」の３点から指導の在り方を検討する必要があるとされている。

② 情報モラル教育に当たり教員が持つべき知識

情報モラル教育に当たり教員が持つべき知識として以下のものがある。

１）インターネット上で起きていることに関する知識

２）法令の知識

３）問題への対処に関する知識

１）については、ネットいじめ、ネット依存、ネット誘引、ネット詐欺といったいわゆる「四大ネット危機」をはじめとして、個人情報の流出・転用・悪用、著作権侵害、「ネット私刑」（＝加害者やその家族などの個人情報を第三者がインターネット上に勝手に公開し、私的に制裁を下そうとする行為）や「特定厨」（＝匿名で投稿されたコメントや画像などの断片的な情報から、発信者の素性〔居住地や在籍する学校・企業など〕を特定しようとする人物を罵り交じりに呼ぶ言い方）、「忘れられる権利」（＝インターネットに公開された自分に関する情報の削除を、サーチエンジンやSNS・BBSなどの運営者に対して要求できる権利）などのネット上の人権侵害が挙げられる。

「スマホに対するリスクマネジメント」として、重度のスマートフォン依存症としての「ノモフォビア」（No Mobile Phone Phobia）の問題、常に「他人からどう見られているか」への気づかい、カメラ等による個人や個人情報の「さらし」状態、ネット上の「正義」による「相互監視」状態の問題、テクノストレス症候群（「テクノ不安症」や「テクノ依存症」）、「ゲーム依存」（WHO「ゲー

ム障害」（疾患）に認定）といった健康上の問題についての知識とともにそれらの対処法に関する知識を持つことが挙げられる。

「電子メールに対するリスクマネジメント」として、詐欺メールや迷惑メールの問題、メール添付ファイルによるコンピュータウィルスの問題、「標的型攻撃」の問題、不完全コミュニケーションの問題についての知識とともにそれらの対処法に関する知識を持つことが挙げられる。なお、不完全コミュニケーションについては、「メラビアンの法則」が指導上の参考になる。この法則は、話し手が聞き手に与える影響は「言語情報（言葉そのものの意味）」「聴覚情報（声の質、速さ、大きさ、口調）」「視覚情報（見た目、表情、しぐさ、視線）」の三つから構成され、それぞれの情報の影響力は、言語情報（7％）、聴覚情報（38%）、視覚情報（55%）とされている。特に、「いいよ」「なんできたの？」といったあいまいな言葉については、言語情報だけでは伝わりづらいこと、的確に伝えるための言葉づかいを指導することが大切である。

2）については、以下の法令が挙げられる。

・知的財産に関する法令——著作権法、特許法など

・個人情報保護に関する法令——個人情報保護法など

・インターネットに関する法令——プロバイダ責任制限法、不正アクセス禁止法など

・その他の関連法令——刑法（脅迫、名誉毀損等）、民法（プライバシーの侵害等）、児童買春、児童ポルノに係る行為等の規制及び処罰並びに児童の保護等に関する法律、青少年育成健全条例、迷惑行為防止条例など

3）については、〈引用・参考文献〉に掲げているように、文部科学省以外にも法務省や警察庁といった政府機関や関連機関がネット上で様々な情報を公開している。

③ 「情報モラル」の指導の段階、指導のポイント

まず、情報モラル教育を推進するためには、以下の四つの段階がある。

1）啓蒙・啓発、環境・ネットワーク整備

情報モラル教育に関するガイドライン・マニュアル等の作成、禁止事項や注意

事項の校内掲示、教職員・保護者等へ周知、関係機関や専門家との連携　など

２）予防的対応

情報・コミュニケーション・ネットの特質の指導、生活習慣の改善、人権意識の涵養　など

３）対処的対応

トラブルが起こった際の危機回避、二次被害の防止　など

４）治療的・ケア的対応

ゲーム依存など学校単独での対応が困難な場合は関連機関や専門家へ依頼など

情報モラル教育は、保護者や地域の協力を得るとともに、児童生徒に対してだけでなく、保護者や地域に対して啓蒙・啓発の機会を設ける必要がある。また、専門家による講演、指導も適宜実施するなど不断の対応が求められる。

最後に、情報モラル教育の推進に当たっては、これまで扱ってきた直接的な情報モラル教育とともに、間接的な情報モラル教育（日常的に人権意識を養うこと、インターネット上では多様な価値観・文化的背景があることを認識させること、生活における様々なメディアとの付き合い方を評価・改善させることなど）が大切である。また、学校全体の課題として情報共有と対応（地域、保護者も含めて）を実施していくことが求められる。　　　　　　　　**（仲　久徳）**

〈引用・参考文献〉

越智貢（2000）「『情報モラル』の教育」越智貢他編『情報倫理学: 電子ネットワーク社会のエチカ』ナカニシヤ出版

文部科学省（2017）『「教育情報セキュリティポリシーに関するガイドライン」ハンドブック』

文部科学省（2017）「幼稚園教育要領（平成29年版）」

文部科学省（2017）「小学校学習指導要領総則編（平成29年版）」

文部科学省（2017）「中学校学習指導要領総則編（平成29年版）」

文部科学省（2018）「高等学校学習指導要領総則編（平成30年版）」

文部科学省（2019）「教育の情報化に関する手引（令和元年12月）」

法務省「人権擁護局フロントページ」http://www.moj.go.jp/JINKEN/ （2020.1.5.確認）

インターネット・ホットラインセンター「参考サイト」 http://www.internethotline.jp/pages/

link/ （2020.1.5.確認）

警察庁サイバー犯罪対策　https://www.npa.go.jp/cyber/　（2020.1.5.確認）

〈むすびにかえて〉

共生教育のための公共哲学

⑴　はじめに

　本稿は、文科省が謳う「誰もが相互に人格と個性を尊重し支え合い、人々の多様な在り方を相互に認め合える全員参加型の社会」(http://www.mext.go.jp/b_menu/shingi/chukyo/chukyo3/siryo/attach/1325884.htm) としての共生社会を実現するための共生教育を、公共哲学的観点から考える試みである。

　公共哲学とは、日本で2000年代から急速に人口に膾炙し始めた言葉で、日本を代表する大辞典『広辞苑』(第7版) では、「市民的な連帯や共感、批判的な相互の討論にもとづいて公共性の蘇生をめざし、学際的な観点に立って、人々に社会的な活動の参加や貢献を呼びかけようとする実践的な哲学」と定義されている。そして、筆者自身はそれを、「より良き公正な社会を追究しつつ、現下で起こっている公共的問題 (public issues) について、当事者意識を持った市民たち (the public) と共に論考する実践的な学問」と理解している。他方そうした動きとは独立に、文科省は2022年度から高校の公民科の「現代社会」に代わって「公共」という科目を設けることを決定した。その具体的内容はまだ定かではないが、文科省のHPによれば、「個人と社会との関わりにおいて、公共的な空間における基本的な原理について考えさせることを通して、人間と社会の在り方を捉える見方や考え方を培うこと」が主要目的の一つに挙げられている (http://www.mext.go.jp/b_menu/shingi/chukyo/chukyo3/071/siryo/attach/1371199.htm)。このような状況を踏まえながら、以下では、共生教育の

ための公共哲学的ヴィジョンを提示してみよう[1]。

(2) 共生教育に必要な「個人と社会」の関わり方
——利己主義と集団主義への対抗ヴィジョン

　社会という概念は多義的であるが、「人間が集まって共同生活を営む際に、人々の関係の総体が一つの輪郭をもって現れる場合の、その集団」という辞書の定義[2]に従うならば、「個人と社会とのかかわり方」には、どのようなパターンが考えられるだろうか。筆者は常々それを、次の五つに分類している[3]。

　(ア)　滅私奉公——私という個人を犠牲にして、お国＝公や組織のために尽くすライフスタイル
　(イ)　滅公奉私——私という個人のために、他者や公正さやルールを無視するライフスタイル
　(ウ)　滅私滅公——自暴自棄や無気力なライフスタイル
　(エ)　活私開公——私という個人一人一人を活かしながら、他者とのかかわり、公正さの感覚、公共活動、公共の福祉などを開花させるライフスタイル
　(オ)　無私開公 または 滅私開公——私利私欲をなくして、他者や公共活動や公共の福祉を開花させるライフスタイル

　まず(ア)の「滅私奉公」は、1930年代から敗戦までの日本人に強いられ、美化されたライフスタイルである[4]。この時代には、「滅私奉公」を理想とし、日本の各地の教育現場では、1890年に発布した教育勅語を生徒に叩き込むような態勢が強まっていた。教育勅語は明治期に発布されたものであるが、大正デモクラシーの時代には、自由主義教育を校風とする私学が設けられ、教育勅語のそうした側面はあまり強調されていなかった。しかし、1930年代に日中戦争が本格化し、国民精神総動員運動が唱えられるに至って、教育勅語のそういう側面が強調されるようになり、「私利私欲を捨てて天皇や国家に自分を奉じる」という意味で、滅私奉公が挙国一致のためのライフスタイルとして人々に強制されたのである。

　誤解を避けるためにいうならば、自分を犠牲にして全体としての公に仕える

という意味での滅私奉公は、ふつう「右翼」と呼ばれる国粋主義や露骨な資本主義だけに見られるものではない。それは、たとえば文化大革命期の中国に見られるように、「左翼」と呼ばれる社会主義や共産主義でも美化されてきた。また、「個人一人一人を犠牲にして組織全体のために尽くす」という考え方やライフスタイルも「滅私奉公」とみなすならば、現代の日本でも、自分を犠牲にして会社や何らかの組織に尽くすことを最高の価値とする考えは、奉公の対象が戦前の国家から戦後の会社に代わっただけなので、「滅私奉公」と呼んでよいだろう。過労死や過労自殺などはその痛ましい帰結だと言ってよい。また、1980年代に一部の県に見られたような超管理型教育も、「滅私奉公」の典型的なパターンといえよう。

　いずれにしろ、こうした集団主義的なライフスタイルでは、個人の多様な生き方や考え方が排除され、強制的な画一化が要求されるだけであり、「個性を認め合う」ことを前提にした共生教育など不可能である。

　次に、(イ)の「滅公奉私」という造語を最初に使ったのは、社会学者の日高六郎氏であった。彼は、1980年刊行の『戦後思想を考える』(岩波新書)で、政治のあり方など公共的問題には無関心なまま、専ら自分の私生活を楽しめばそれでよい風潮をそう名づけた。本稿では、そういう使い方を発展させ、「他者や公正さやルールを無視して自分のことだけ」を追求する利己主義的な考えや行動を、「滅公奉私」と呼びたいと思う。

　「滅公奉私」は、教育の場では、生徒間のいじめはもちろん、授業中の私語、教師のえこひいきなどに見られる。また組織の中での種々のハラスメント（セクハラ、パワハラ、アカハラ）、汚職（賄賂）やインサイダー取引など数々の例が挙げられるし、ルール違反に関しては、例を挙げるまでもないだろう。このような利己主義的なライフスタイルを、教育によってどのように改善するかは大きな課題といえよう。

　(ウ)の「滅私滅公」は、やけになって自分自身をも粗末にしてしまうようなラ

イフスタイルや、無気力で何もしたくない状態を指している。これは、大人に
よく見られるが、青少年にも多く見受けられる。無気力で他人を顧みないどこ
ろか、自分をも顧みずに破滅してしまう事態は深刻で、教育がこのような事態
をどのように克服するか、大きな課題といってよい。

　さて、それらに対して、「善き公正な共生社会」の実現のために、本稿が推
奨したいライフスタイルは、何よりも㈜の「活私開公」であり、次にそれをサ
ポートする限りでの㈮の「無私開公」ないし「滅私開公」である。
　「活私開公」は、先の定義にあるように、「私という個人一人一人を活かしな
がら、他者とかかわり、公正さの感覚、公共活動、公共の福祉などを開花させ
るライフスタイル」を指す。そもそも「私」という個人は、互いに置き換える
ことのできない「独自性」を持って生きているのであり、共生教育はそうした
独自性を「互いに認め合う」ことから出発しなければならない。
　まず、人の身体は、それぞれ違った組み合わせをもつＤＮＡ（デオキシリボ
核酸）と呼ばれる遺伝情報を担う物質によって規定されている。そして最近の
研究によって、人間のＤＮＡには大きな個人差が存在しており、その違いに
よって、病気の発症のしやすさなどの差となって現れるということが広く知ら
れるようになった。また、体型や体力や身体能力は、人それぞれで違っている
ことは、自明の事実である。自分が生まれついた身体には、他者と置き換える
ことのできない多様性＝個性差が存在し、それを互いに認め合うことは、共生
教育にとって不可欠である。
　次に、人それぞれの性格や得意分野にも独自性がある。周りを見回しても、
活発で明るく、やんちゃな人もいれば、はにかみがちなでシャイな人もおり、
そうした性格の違いは認め合わなければならない。また、スポーツが得意な人、
音楽が得意な人、美術が得意な人、数学や理科が得意な人、社会が得意な人、
英語が得意な人、国語が得意な人など、様々な人がおり、それらを互いに認め
合い、それぞれの得意分野を各自が伸ばすことが大切であり、そうしてこそ、
活き活きとした活気あるライフスタイルとしての「活私（一人一人の独自性を

活かすこと）」が可能になる。

　ただし、人それぞれの独自性を活かすことは、「他者と公正（フェア）にか
かわる」という観点で補われなければならない。人それぞれが生まれ育つ生活
環境は、お金持ちの家に生まれ育つ人、貧しい家に生まれ育つ人、ご両親のい
ない生活環境で育つ人、日本に住みながらも日本国籍を持たない生活環境で育
つ人など、偶然と多様性に満ちている。それらについて「配慮」し、必要な場
合に「扶助」することが、「他者と公正にかかわる」ことを意味している。

　したがって、この扶助や配慮という観点は、「公正（フェアネス）」という価
値で支えられることになる。例えば、ある分野に優れた能力を持っていたとし
ても、それを伸ばす生活環境がアンフェア（不公平）ならば、それを「正す」
必要があるだろう。各自の生活環境の多様性や違いが差別になってはいけない
からである。能力があっても、貧しい生活環境のために勉強を続けることがで
きない人がいる場合には、「公正」という観点から、何らかの扶助の手が差し
伸べられる必要がある。そうしてこそ、「活私」が「開公（他者とのかかわり、
公正さの感覚、公共活動、公共の福祉などを開花させること）」につながっていく。

　このように、私一人一人の個性が「公正さ」によって補われて活かされるこ
とが理解されなければならない。以前には、平等は個性を奪うという主張もよ
く見られたが、それは、「均質」という意味の平等と、「公正」という意味の平
等を取り違えた意見だといえる。均質という言葉には、みんなが同じ画一的な
性質を持つというニュアンスがあるため、均質という意味の平等は個性を奪う
かもしれないけれども、公正（フェア）という意味の平等には、そのような画
一的なニュアンスよりも、「機会の平等」というニュアンスが強い言葉であり、
「多様な個性を活かす」ための理念としてだと考えられなければならない。

　こうした「一人一人の個性を活かすような」仕方で他者とコミュニケーショ
ンし、公正のみならず、公共の福祉、平和、人権など、他者と共有し合える
「公共善」の実現を願い、差別、貧困、戦争、人権弾圧、差別、環境破壊など
の「公共悪」や、地震、津波などの「公共的災禍」を除去するために何らかの
努力するライフスタイルこそが理想的な「活私開公」のライフスタイルといえ

るであろう。ただし、その実現のためには、どうしても、�(オ)として挙げた「無
私開公」ないし「滅私開公」というライフスタイルを、教育関係者に要求せざ
るをえない場合も生じる。

　特に、例えば大震災のような何らかの緊急事態が発生した時に、また、様々
な理由でPTSD（心的外傷後のストレス障害）に悩まされる人々をPTG
（心的外傷後の成長）としての「活私開公」へ至るよう支援するために、先に
挙げた方々の「無私開公」や「滅私開公」の活動は不可欠であろう。それはま
た、最近よく聞かれるようになったレジリエンス（心の回復）のための支援と
いうこともできよう。

　こうした観点での㈢(エ)と㈣(オ)の組み合わせによるシナジー効果（相乗効果）が、
日本国憲法第13条に記されている「諸個人の尊重」と「公共の福祉」を両立
させ、「活力と思いやりに満ちた共生社会」を実現するための共生教育にとっ
て、きわめて重要だというのが、本稿の第一のメッセージである[5]。

⑶ 「活私」と「開公」をつなぐ共生教育ための教師の役割[6]

　さて、活私開公と無私開公の二つのライフスタイルによる「個人の尊重」と
「公共の福祉」の両立を強固にするためには、一人一人を活かすという意味の
「活私」と、公共的な活動を開花させるという意味の「開公」をつなぐような
教育が実践されなければならないだろう[7]。それについて、筆者なりの考えを
述べてみよう。

①　コミュニケーション力の涵養[8]

　ある辞書によれば、コミュニケーションとは、「社会生活を営む人間の間で
行う知覚・感情・思考の伝達。言語・文字その他視覚・聴覚に訴える各種のも
のを媒介とする。」（『広辞苑』第7版）と定義されている。こうした意味でのコ
ミュニケーションの中で、教育の場で培われるべきものは、「身内以外の他者
とのコミュニケーション力」である。学校のクラスメート同士は、友人以外で
あっても何らかのコミュニケーションを取らざるをえないであろうし、道を歩
いているとき、自分の不注意で知らない他人にぶつかったとしたら、その人に

謝るのが当然であろう。人間には誤解がつきもので、誤解が誤解を生んで互いに敵対し合うということは、大人の世界でも頻繁に見られる。そういう場合に誤解を正す行為もコミュニケーション力にかかっており、教師は自らを正しつつ、生徒のコミュニケーション力を涵養するよう努めなければならない。

　しかし、他者との公共的コミュニケーションは、こうした消極的な役割を超えて、積極的なものにまで進む必要がある。中でも、公共的な事柄に関して「合意」を形成することは、コミュニケーションの重要な役割の一つといえる。例えば、学校の生徒会で何かを決める時とか、クラスで何かルールを作る場合、教師が一方的に決めるのではなく、生徒同士が腹蔵なく意見を出し合って、合意に至るというプロセスを育むのも、重要な教師の役割であろう。

　とはいえ、そのような合意は常に得られるとは限らない。そのような場合、互いに敵対してコミュニケーション不全に陥らないために奨励されるべきは、「和して同ぜず」というライフスタイルであろう。『論語』に出てくる「君子は和して同ぜず。小人は同じて和せず。」とは、「意見が他の人と違っている場合、その人と敵対もしないし、おもねって同調することもせず、しかし協調して（和して）いく。」という意味の格言である。個性をもった一人一人の意見が多様なために、コミュニケーションし合っても、合意に至らないことは多々あるが、そのような時に、しぶしぶ同調しながら意見の違う人の陰口をたたくというのは、「和して同ぜず」とは真逆の「同じて和せず」の態度そのもので、潔くない。そうではなく、互いに違う意見を尊重し合いながら、自分がどうしても正しいと思う意見は軽々しく譲らないという態度が「和して同ぜず」である。こういう態度によってこそ、憲法第19条に記された「思想・良心の自由」が活かされる。「公共」という授業では、こうした東洋の古典からインスピレーションを得ながら、現代社会で望まれるライフスタイルを考えるような教育がなされて然るべきであろう。

　②　共感力の涵養[(9)]

　次に「活私」と「開公」をつなぐ上で重要な「共感力」の涵養を考えてみよう。公共的事柄に関する共感力は、「公共的感情（パブリック・センチメント）」

という言葉で置き換えられうる。公共的感情とは、私的な感情と違って、「他者と分かち合うことのできる感情」を意味している。

　公共的感情の中で代表的なものを挙げるとしたら、コンパッションと公憤と同慶であろう。コンパッションとは、「他者の苦しみを自分のもののように感じる気持ち」であり、例えば、震災や水害など、災禍に遭って苦しんでいる人へのコンパッションは、多くの人が共有しうる感情である。そうした感情を、古代中国の孟子は「惻隠の心」と呼び、18世紀の思想家ルソーは「憐憫」、19世紀の思想家ショーペンハウアーは「共苦」と呼んだ。

　身近な他者へのコンパッションの涵養が必要なことは言うまでない。しかし、現代のグローバル化した社会では、遠い世界（外国など）にいる他者に対してもコンパッションが必要となる。例えば、自国以外で起こった災禍に襲われた人々に対して多くの人がコンパッションの気持ちを抱けるような心を養うことが、共生教育のための教師の役割であろう。

　他方、公憤とは、自分だけの事柄に関する怒りを意味する私憤と異なり、「他者と共有できる怒り」を意味している。身近で起こった（ないし起こっている）不正に対してであれ、遠い世界で起こっている公共悪に対してであれ、公憤を感じることは必要である。『大和英辞典 (第5版)』(研究社) をひくと、日本語の公憤は英語で anger as public citizen に当たるとされており、私憤と公憤を区別し、公憤を互いに理解し合えるようなセンスを涵養することも、「活私」と「開公」をつなぐ教師の役割といえよう。

　このような公共的感情は、災禍や公共悪に対して抱く感情ばかりではない。平和、人権、福祉などの「公共的な価値」が実現したことに対して抱く「喜び」の感情も、公共的感情に入る。このような感情を一言で言い表す日本語を強いて挙げれば、「同慶」であろう。同慶は、「他人の喜びを、自分のことのように喜ぶこと」を意味し、身近な人々の間で使われることが多い言葉だが、遠い世界に生きている人々に対しても抱きうる公共的感情として理解することも可能なはずであり、教師はそれを生徒に喚起させるよう努めなければならない。

③ 公共的理性と想像力の涵養[(10)]

　しかし、このような感情を実践と結びつけるためには、「状況に応じた冷静な分析と判断」もまた必要となる。例えば、身近であれ、遠い地域であれ、災禍に苦しんでいる人々を支援ないし救済するために自分ができることは何か、平和（心の平穏を含む）や人権や福祉などの公共的価値を実現していくにはどのような手段が有効かなどを考えるためには、その都度の状況を冷静に分析し判断する「公共的な理性」が不可欠であろう。このような公共的理性は、受験勉強に必要とされるような暗記力や知力とは違い、状況をよく分析し実践する判断力を指す概念として理解される。こうした能力は、一朝一夕に身に付くものではないであろうが、公共世界とかかわる上で不可欠な能力であり、公共という授業ではそれを涵養する力が教員に要請されよう。

　そしてその手助けとなるのが、「公共的想像力（パブリック・イマジネーション）」である。ここで想像力というのは、「現実にはありうるはずのないことをいろいろと思いめぐらすこと」（『広辞苑』第7版）という意味での「空想」する能力とは違い、「目の前にない物事のイメージを心に浮かべる能力」を意味しており、それゆえ、「現実にありうるかもしれないこと」を思いめぐらす能力と考えても差し支えない。その意味で、公共的想像力とは、「他者と分かち合えるイメージの喚起力」に他ならないのである。

　公共的想像力は、理想とするべき公共的価値を思い描くのにも必要とされるし、身近でない世界で現実に起こっている公共悪や災禍、さらには近い将来起こりうる公共悪や災禍などをイメージとして思い浮かべる大切な能力である。例えば、テレビでは報道されない戦争、人権弾圧、災禍などで苦しんでいる人々を思い浮かべる能力、今後起こりうる地震などの災禍や戦争などを思い浮かべる能力、人々の平和や福祉（幸せ）を思い浮かべる能力等々は、公共的想像力と呼ぶことができ、その力を生徒間に涵養するのも教師の務めといえる。

④ メディア教育[(11)]

　ところで、インターネットの普及によって、遠い世界の人々とも交流できるようになったこと自体は、歓迎すべきことである。実際、これからのインター

ネットは、「身内以外の人々と様々なコミュニケーション」によって、「公共世界の輪」を作っていく媒体（メディア）として機能するべきである。しかし、今の日本で起こっているインターネットの現状を見ると、喜ばしいと思うだけでは済まされない。ネットでつながる人間関係の割合は、日本の高校生が突出しているとも言われ、そのために、面と向かって他人とコミュニケーションをする能力が奪われてしまっていることが指摘されている。またインターネットを用いたいじめや誹謗中傷をグループ単位で行うことも多くの人々によって指摘されている。

このような「ゆがんだつながり方」では、インターネットは「公共悪の媒体」になってしまう。こうした事態を打開するには、「私一人一人を活かすような人と人とのつながり方」を伝授するようなメディア教育の授業が、学校に設けられるべきである。人間は誰でも自分を理解されたいという欲求、他人とつながりたいという欲求、そして幸福になりたいという欲求を持っている。それらの正当な欲求を、上述した「滅公奉私」ではなく「活私開公」へと向けさせることこそ、現代の学校教育の大きな課題だといってよい。インターネットを通して、私一人一人を活かす公共世界の創造のためには、仲良し（仲間）だけの閉じたコミュニケーションに陥らず、生徒のコンパッション、公憤、同慶、公共的理性、公共的想像力などをできるだけ喚起し、公共的価値、災禍、公共悪に思いをはせる感受性を養うよう教師には要求されるであろう。

⑷　共生社会に必要な公共的価値としての平和と人権[12]

では最後に、人を認める共生教育の基礎として、平和や人権などの「公共的価値」について考えてみよう。

「文化環境の多様性」を承認することは非常に大切であるが、それは、それぞれが自分の文化や流儀にしたがって勝手にやるべきだということを意味しない。そうした「悪しき相対主義」と呼ばれるような考え方を貫くならば、文化の違いを超えてみなが共有できる公共的価値や、文化の違いにかかわらず除去しなければならない悪や災禍は一切ない、ということになってしまうからであ

212

る。その場合、福祉や平和や人権といった公共的価値の存在は否定され、構造的な不平等や差別などの公共悪ですら「その文化の特徴である」として見逃してしまうような事態に陥りかねない。また、自然災害のような災禍でも、自分たちには関係ないといった無関心の世の中になってしまうであろう。

おそらく、こうした文化環境の違いを超えて共有ないし認識し合える公共的価値や公共的な悪や災禍を、「普遍的な価値と悪」または「文化横断的な価値と悪」という言葉で呼ぶこともできるだろう。しかしいずれにせよ、それらは、文化環境や国籍の違いを超えて、人々が承認し合うような価値や悪を意味している。その意味で、共生社会の基礎となる共生教育には、上述したような多様性が不可欠であると同時に、普遍性の視点も不可欠である。

21世紀の現在は、地球上の人々が福祉や平和を共に考えていかなければならない時代に入っており、この趨勢は今後ますます強まるだろう。そうした要請に応えるべく、次に、我々が住む日本という国の根本的な方向性と理念を現している「日本国憲法」と「教育基本法」の意義を再考してみたいと思う。

1947年に発布された「教育基本法」は、戦前の教育勅語に代わり、そのような憲法の精神に沿った国民一人一人を育てる理念を謳ったものであった（2006年12月に改正）。

その前文を引用してみよう。

「我々日本国民は、たゆまぬ努力によって築いてきた民主的で文化的な国家を更に発展させるとともに、世界の平和と人類の福祉の向上に貢献することを願うものである。我々は、この理想を実現するため、個人の尊厳を重んじ、真理と正義を希求し、公共の精神を貴び、豊かな人間性と創造性を備えた人間の育成を期するとともに、伝統を継承し、新しい文化の創造を目指す教育を推進する。ここに、我々は、日本国憲法の精神にのっとり、我が国の未来を切り拓く教育の基本を確立し、その振興を図るため、この法律を制定する」（傍線は筆者による）

ここには、国内だけでなく、世界平和と人類の福祉という「国境を越えた公共的価値」に貢献できるような人間の教育が謳われている。

そして、この前文を受けて続く本文では、教育の目的及び目標として、次の

ようなことが記されている。

「教育は、人格の完成を目指し、平和で民主的な国家及び社会の形成者として必要な資質を備えた心身ともに健康な国民の育成を期して行われなければならない。」（第１条）。「個人の価値を尊重して、その能力を伸ばし、創造性を培い、自主及び自律の精神を養うとともに、職業及び生活との関連を重視し、勤労を重んじる態度を養うこと。」（第２条の二）。「正義と責任、男女の平等、自他の敬愛と協力を重んじるとともに、公共の精神に基づき、主体的に社会の形成に参画し、その発展に寄与する態度を養うこと。」（第２条の三）。「生命を尊び、自然を大切にし、環境の保全に寄与する態度を養うこと。」（第２条の四）。「伝統と文化を尊重し、それらをはぐくんできた我が国と郷土を愛するとともに、他国を尊重し、国際社会の平和と発展に寄与する態度を養うこと。」（第２条の五）。（傍線は筆者による）

この文章で謳われている「人格の完成、平和で民主的な国家及び社会の形成者、個人の価値、能力と創造性の発揮、自主、自律、正義と責任、男女の平等、自他の敬愛と協力」などは、まさに先に述べた「活私開公」を形づくる理念に他ならない。それ故、それらをお題目としないような現場での生き生きとした「活私開公の共生教育」が遂行されることがおおいに期待されよう。

とはいえ、誤解を避けるために、2006年12月の改正で新たに入った「公共の精神」と「伝統と文化」という文言を、この本はどのように理解するのかについて、ここで述べておくことにしよう。

まず「公共の精神」が一体何を意味しているのかという具体的な定義は記されていない。一部の人たちはそれを「国家に尽くす精神」と解釈したがっているようであるが、それは全体の文脈からいって無理である。なぜなら、第２条で真っ先に出てくるのは「個人の価値」であり、次に「自主及び自律の精神」であるからだ。その上で、「正義と責任」「男女の平等」「自他の敬愛と協力」と続き、その後で出てくるのが「公共の精神」で、しかもその後に「主体的に社会の形成に参画し」とあるから、「公共の精神」はまさに「活私開公」の理念で解釈できる文言だといってよい。言い換えれば、ここでの「公共の精神」は、まさに「人権」や「福祉」や「平和」といった「公共的価値を尊ぶ精神」と解

釈できるし、そのように解釈しなければならないといえよう。　　（山脇直司）

〈注〉

(1)　以下の文章全体は、山脇直司編『共生社会の構築のために：教育・福祉・国際・スポーツ』（星槎大学出版会 2019年）での拙稿16-27頁を焼き直したものである。

(2)　『広辞苑』第6版　岩波書店。

(3)　拙著『社会とどうかかわるか──公共哲学からのヒント』（岩波ジュニア新書 2008年）では、「滅私奉公」（第一章）、「滅公奉私」（第二章）、「活私開公」（第三章～第五章）を論じ、拙著『公共哲学からの応答──3.11の衝撃の後で』（筑摩選書 2011年）の第1章では、それに加えて「滅私開公」を論じたが、本稿での「無私開公」は、「滅私開公」をよりマイルドにした表現であり、「滅私滅公」は、星槎大学教員免許状更新講習センター編『共生への学び』（ダイヤモンド社 2014年）224頁以下に所収された拙稿で、初めて用いた表現である。

(4)　以下の文章は、『社会とどうかかわるか』第一章から第三章までと部分的に重複している。

(5)　このメッセージは、特に『公共哲学からの応答』の第1章で強調した。

(6)　以下は、「高校での公民科目（公共）に対する公共哲学の寄与」というタイトルで、星槎大学『教職研究』（No1 2017年）、117-123頁に既出したものと同じ内容である。

(7)　ここで、活私だけを強調すると、「滅公奉私」と同じ意味の「活私滅公」に陥ることがありうることも、指摘しておきたい。

(8)　以下の文章は、拙著『社会とどうかかわるか：公共哲学からのヒント』（岩波ジュニア新書 2008年）、83-90頁の焼き直しである。

(9)　以下の文章は、同書129-131頁を、教師向けに焼き直したものである。

(10)　以下の文章は、同書131-133頁を、教師向けに焼き直したものである。

(11)　以下の文章は、同書142-144頁を、教師向けに焼き直したものである。

(12)　以下の文章は、同書158-161頁と部分的に重複している。

本書の構成と法令上の必要事項との対照表

本書の構成			法令上の必要事項			
章	節	領　域	事　項			含めるべき内容・留意事項
1	1	〈必修領域〉全ての受講者が受講する領域	国の教育政策や世界の教育の動向	1		国の教育政策
				2		世界の教育の動向
	2		教員としての子ども観、教育観等についての省察	1		子ども観、教育観についての省察
				2		教育的愛情、倫理観、遵法精神その他教員に対する社会的要請の強い事柄
	3		子どもの発達に関する脳科学、心理学等における最新の知見（特別支援教育に関するものを含む。）	1		子どもの発達に関する、脳科学、心理学等の最新知見に基づく内容
				2		特別支援教育に関する新たな課題（LD、ADHD等）
	4		子どもの生活の変化を踏まえた課題	1		居場所づくりを意識した集団形成
				2		多様化に応じた学級づくりと学級担任の役割
				3		生活習慣の変化を踏まえた生徒指導
				4		社会的・経済的環境の変化に応じたキャリア教育
				5		その他の課題（発達障害の児童生徒への支援）
				6		カウンセリングマインドの必要性
2	1	〈選択必修領域〉受講者が所有する免許状の種類、勤務する学校の種類又は教育職員としての経験に応じ、選択として受講する領域	学校をめぐる近年の状況の変化			
	2		学習指導要領の改訂の動向等			
	3		法令改正及び国の審議会の状況等			
	4		様々な問題に対する組織的対応の必要性			
	5		学校における危機管理上の課題			
			免許法施行規則第二条第一項の表備考第五号に規定するカリキュラム・マネジメント			
			育成を目指す資質及び能力を育むための主体的・対話的で深い学びの実現に向けた授業改善			
	6		教育相談（いじめ及び不登校への対応を含む。）			
			進路指導及びキャリア教育			
	7		学校、家庭並びに地域の連携及び協働			
	8		道徳教育			
	9		英語教育			
			国際理解及び異文化理解教育			
	10		教育の情報化（情報通信技術を利用した指導及び情報教育（情報モラルを含む。）等）			

【執筆者紹介・執筆分担】

水内　宏（第1章第1節－1）　星槎大学特任教授／専門分野は教育学・教育課程論・学校論。日本教育方法学会、日本教育政策学会、日本生活指導学会に所属。著書に『教育学のすすめ』、『スポーツ部活はいま』、"Ten Great Educators in Modern　Japan"（part; chp.7-Sawayanagi Masatarou）等がある。

天野一哉（第1章第1節－2、第2章第1節）　星槎大学教授・法政大学兼任講師・京都大学MOSTフェロー／専門分野は教育とコミュニケーション。著書に『子供が「個立」できる学校』、『中国はなぜ「学力世界一」になれたのか』等がある。

三輪建二（第1章第2節－1）　星槎大学大学院教育実践研究科教授／専門分野は生涯学習論・専門職教育論。日本教育学会、日本共生科学会等に所属する。著書に『おとなの学びとは何か』、翻訳書にショーン『省察的実践とは何か』、ラシュトン『教師の省察的実践』、アップルヤード『教師の能力開発』等がある。

新井郁男（第1章第2節－2）　星槎大学特任教授、上越教育大学名誉教授、一般財団法人教育調査研究所理事長、南開大学（中国）客座教授／専門は教育社会学、教育経営論、学習社会論等。文部省、国立教育研究所、東京工業大学、上越教育大学、愛知学院大学、放送大学を経て現職。

伊藤一美（第1章第3節－1）　星槎大学大学院教育学研究科・共生科学部准教授／2000年、日本LD学会研究奨励賞第1号受賞。特別支援教育士スーパーバイザー（sv02-86号）取得。特別支援教育の専門家チーム・巡回相談を歴任。現在、日本LD学会研究委員会にて算数障害の研究を進めている。

西永　堅（第1章第3節－2）　星槎大学教授／専門分野は特別支援教育、臨床心理学。日本特殊教育学会、日本発達障害学会、日本共生科学会等に所属。著書に『子どもの発達障害と支援のしかたがわかる本』、編著書に『学習障害・学習困難の判定と支援教育』等がある。

大隅心平（第１章第４節−１、第２章第８節）　星槎大学大学院教育実践研究科教授／専門分野は学級経営・学校経営論、道徳教育論、生徒指導論。主な論文に『「考え、議論する道徳」の可能性―学級経営の観点から―』（日本教育大学院大学紀要第10号）、『学級経営の実践課題―道徳教育と学級活動との関連―』（星槎大学紀要No13）等がある。

嶋田　優（第１章第４節−２）　星槎大学教授／専門分野は国語教育・教員養成。日本国語教育学会、千葉大学国語科研究会等に所属。共著に『新学習指導要領の趣旨を生かした音声言語活動の新展開〜話すこと・聞くことの指導の課題と改善案〜』、『これから求められる安心・安全な学校を目指して〜学校と地域、各機関の連携・学校の安全対応の構築を視点として』等がある。

今井文男（第１章第４節−３）　星槎大学非常勤講師、東京学芸大学教職大学院特命教授、法政大学兼任教員／専門分野は生徒指導・学校経営・教師教育等。主な論文に「カリキュラムデザインのための曼荼羅シートの開発と実践」、編著書に『教頭の仕事基本手帳』等がある。

大野精一（第１章第４節−４、６、第２章第６節）　星槎大学大学院教育実践研究科教授・研究科長（教育実践研究科）／専門分野はカウンセリング・学校教育相談。日本学校心理学会、日本教育心理学会に所属。主な著書に『学校教育相談―理論化の試み』、『学校教育相談―具体化の試み』、主な編著書に『学校心理学ハンドブック第２版』、『教師・保育者のための教育相談（カウンセリング)』、『学校教育相談の理論と実践』がある。

岩澤一美（第１章第４節−５）　星槎大学大学院教育実践研究科准教授／専門分野は発達障害の児童生徒の指導。日本LD学会、日本自閉症スペクトラム学会に所属する。著書に『これだけは知っておきたい発達が気になる児童生徒の理解と指導・支援』等がある。

手島　純（第２章第２節）　星槎大学大学院教育学研究科教授／専門分野は教育学・通信教育論。日本通信教育学会、日本教師教育学会に所属する。著書に『これが通信制高校だ』、『格差社会にゆれる定時制高校』、編著書に『放課後の教育論』等がある。

仲　久徳（第2章第3節、第10節）　星槎大学大学院教育実践研究科教授／専門分野は教材学・教育方法学・情報教育。日本教材学会（理事）、日本教育方法学会、日本教育メディア学会に所属する。著書に『教材学概論』（日本教材学会編；分担執筆）、『教育実践と情報メディア』（平山満義編；分担執筆）、『総合学習「にんげん科」のカリキュラム開発』（東京学芸大学教授科学研究会編；分担執筆）等がある。

丸本茂樹（第2章第4節、第5節）　星槎大学教授／専門分野は特別活動・学級経営。日本特別活動学会・日本学級経営学会・学校心理士会に所属。学校心理士 。

三田地真実（第2章第7節）　星槎大学大学院教育学研究科教授／専門分野は応用行動分析学・ファシリテーション論。日本行動分析学会評議員、日本ポジティブ行動支援ネットワーク理事、日本特殊教育学会会員。著書に『ファシリテーター行動指南書』、『保護者と先生のための応用行動分析入門ハンドブック』、翻訳書（共訳）に『スキナー重要論文集I』等がある。

山田裕師（第2章第9節）　星槎大学非常勤講師・フェリス女学院大学非常勤講師／専門分野は英語科教育法。論文に「小学校外国語（英語）における言語材料の取扱い〜実際に授業を行うにあたって〜」、「教職課程英語科教育法の実践〜フェリス女学院大学における英語科教育法の現在と今後〜」等がある。

山脇直司（むすびにかえて）　星槎大学学長／専門分野は公共哲学・社会思想史。地球システム倫理学会、日本共生科学会等。著書に『社会とどうかかわるか』、『公共哲学からの応答』、『社会思想史を学ぶ』、編著書に『教養教育と統合知』、『共生社会の構築のために』等がある。

教育の最新事情／現代教育の動向と課題
──「共生の教育」を実現するために ──

2020年3月26日　第1刷発行
2021年5月19日　第4刷発行

編著者　　星槎大学教員免許状更新講習センター
発行者　　伊　東　千　尋
発行所　　教　育　出　版　株　式　会　社
〒135-0063　東京都江東区有明3-4-10　TFTビル西館
電　話　03-5579-6725　振　替　00190-1-107340

© SEISA University 2020
Printed in Japan
落丁・乱丁はお取替いたします。

印刷　神谷印刷
製本　上島製本

ISBN978-4-316-80474-3　C3037